지원한국사 압.축.끝.

박기훈 편저

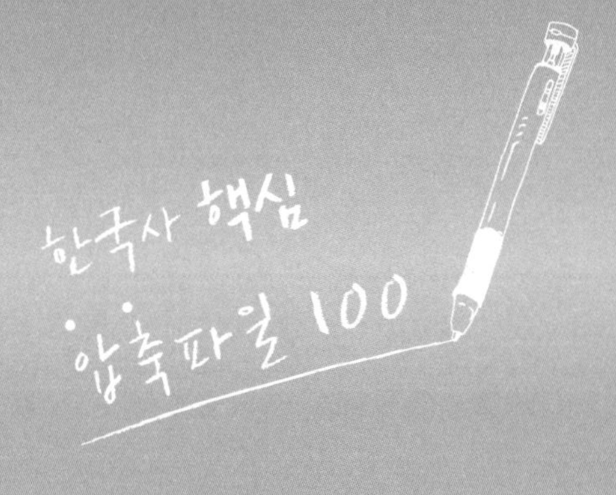

동영상강의 www.pmg.co.kr

지원한국사
압.축.끝.

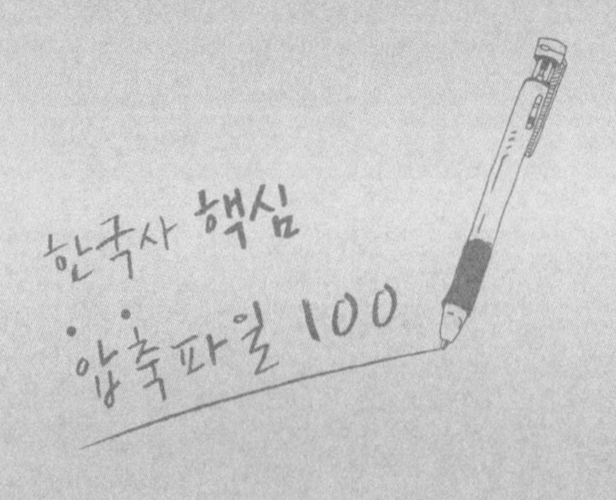

머리말

지원한국사
압축끝

지원한국사 압.축.끝을 선보이며

대부분의 수험생들이 요약서를 활용하고 있습니다. 다만, '00노트' 같은 시중의 요약서들은 너무 많은 내용들이 빽빽하게 들어가 있어서, 요약서 원래의 취지에 맞지 않는 경우가 많은 것 같습니다. 압.축.끝은 요약서 본연의 목적에 충실하자는 취지로 만든 압축 이론서입니다. 그렇다고 해서 내용이 부실한 것은 아닙니다. 압.축.끝의 내용을 완전히 이해하셨다면, 충분히 100점을 이룰 수 있도록 충실히 구성하였습니다.

압.축.끝은

1. 방대한 한국사를 100개의 주제로 구분하여 체계적으로 정리하였습니다.
2. 페이지를 줄이기 위해 가독성을 해치는 수준으로 표를 남발하지 않았습니다.
3. 휴대성을 높이기 위해 일반 이론서보다 조금 작은 크기로 구성하였습니다.

박문각 공무원 온라인에 업로드 된 저의 '이론 압축파일 100주제' 강의는 압.축.끝 교재를 활용한 강좌입니다. 연계해서 학습하시면 큰 효과를 보실 수 있을 겁니다. 물론, 독학하시기에도 충분하게 만들었습니다.

수험생분들이 저의 교재로 합격을 하시면 그보다 큰 기쁨은 없습니다. 이 작은 책이 여러분의 합격과 저의 기쁨에 큰 도움이 될 것임을 자신 있게 확신합니다!

박기훈 드림

차례

압축파일

01 역사 입문

이렇게 공부합시다!

• 사실로서의 역사와 기록으로서의 역사를 구분하세요.
• 다양한 역사 서술 방식을 구분하고 관련 사서를 파악하세요.

1 사실로서의 역사와 기록으로서의 역사

1. 사실로서의 역사

❶ 헤겔의 관념적 역사 철학을 거부하고 엄격한 실증성을 강조하는 근대 역사학이 등장

❷ 랑케 : 이론적 관점을 지양하고 엄격한 중립성을 지켜 과거의 사실을 객관적으로 밝히는 데 주력

2. 기록으로서의 역사

❶ 역사적 사실에 대한 역사가의 주관적 관점을 인정

❷ 크로체 : "모든 역사는 현대사이다."

❸ 카 : "역사는 현재(역사가)와 과거(역사적 사실)의 끊임없는 대화(상호 작용)이다."

2 역사 서술의 방식

1. 기전체

❶ 사마천의 『사기』에서 비롯함

❷ 본기(황제의 치세), 세가(제후의 일대기), 열전(일반 인물의 전기), 지, 표로 구성

❸ 『삼국사기』, 『고려사』, 『동사』, 『해동역사』 등의 역사서

2. 편년체

❶ 시간의 흐름에 따라 서술하는 방식

❷ 『고려사절요』, 『동국통감』, 『동사강목』 등의 역사서

3. 기사본말체

❶ 사건이나 주제별로 제목을 제시하고 해당하는 내용을 서술하는 방식

❷ 『연려실기술』, 『삼국유사』(유사한 형식) 등의 역사서

4. 강목체

❶ 유교적 관점에서 도덕적 정통성을 따지는 방식

❷ 『동국사략』, 『동사강목』 등의 역사서

압축
파일

02 구석기 시대와 신석기 시대

이렇게 공부합시다!

- **구석기 시대 »** 전기, 중기, 후기에 해당하는 도구를 구분하고, 유적지들의 이름, 그리고 일부 유적지는 특징도 기억하세요.
- **신석기 시대 »** 주요 유물과 유적지를 기억하세요.

1 구석기 시대

1. **시기** : 약 70만 년 전부터 시작
   ➡ 석기를 다듬는 수법에 따라 전기(하나의 도구를 여러 용도로 사용, 대표적 도구는 주먹 도끼), 중기(하나의 석기를 하나의 용도로 사용), 후기(형태가 같은 여러 개의 돌날격지를 제작, 대표적 도구는 슴베찌르개)로 나눔

2. **유적**
   ❶ 이름만 알아도 되는 유적지 : 단양 금굴, 평남 상원 검은모루 동굴, 충남 공주 석장리, 제천 점말 동굴, 웅기 굴포리, 단양 상시 바위 동굴, 평남 덕천 승리산 동굴, 종성 동관진, 제주 빌레못, 평양 만달리, 제천 창내
   ❷ 특징도 알아야 하는 유적지 : 연천 전곡리(주먹 도끼), 양구 상무룡리(흑요석 - 원거리 교역의 증거), 청원 두루봉 동굴(흥수아이와 국화꽃 - 장례의 풍습), 단양 수양개(후기 구석기 눈금 새김돌)

3. **구석기 말의 변화(중석기)**
   빙하기가 지나고 기후가 따뜻해짐
   ➡ 작은 동물을 사냥하기 시작함
   ➡ 슴베찌르개 등의 잔석기와 이를 연결하는 이음 도구를 사용

2 신석기 시대

1. **유물**
   ❶ 간석기 : 돌을 갈아서 간석기 제작(그물추, 돌삽, 갈돌, 갈판 등)
   ❷ 토기 : 이른 민무늬 토기, 덧무늬 토기, 빗살무늬 토기, 눌러찍기무늬 토기(압인문 토기)
   ❸ 원시적인 수공업 : 가락바퀴와 뼈바늘

2. 유적지 및 생활

❶ 유적지 : 황해 봉산 지탑리(조, 피), 평양 남경(조, 피), 강원 양양 오산리, 강원 고성 문암리(동아시아 최초 밭 유적), 강원 춘천 교동, 경남 김해 수가리, 함북 웅기 굴포리, 서울 암사동, 부산 동삼동(패총이라 불리는 조개더미, 일본산 흑요석), 제주 한경 고산리(한반도 최고의 유적지) 등의 큰 강가나 바닷가에 거주

❷ 농경 · 목축의 시작 : 잡곡류만 경작, 사냥과 물고기 잡이가 여전히 중요함

❸ 주거 : 강가에서 움집(바닥은 원형, 모서리가 둥근 사각형)을 짓고 생활, 중앙에 취사나 난방용 화덕이 위치

❹ 사회 : 다른 씨족과의 혼인을 통하여 부족 사회 형성, 평등사회, 족외혼

❺ 원시 신앙 : 애니미즘(자연 숭배), 토테미즘(특정 동식물에서 자신들의 기원을 찾음), 샤머니즘(샤먼이 부족장 역할을 함)

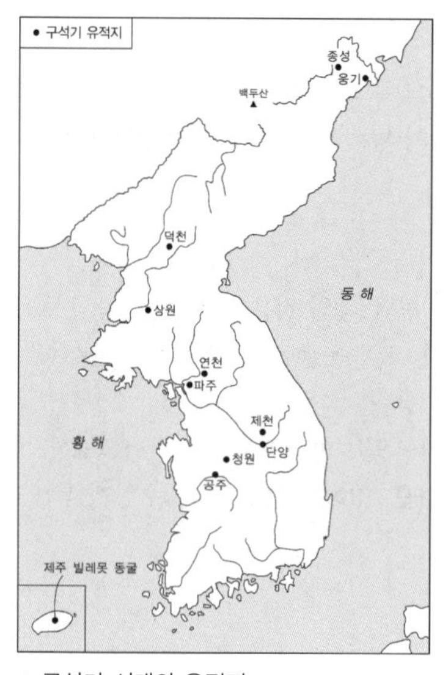

◆ 구석기 시대의 유적지

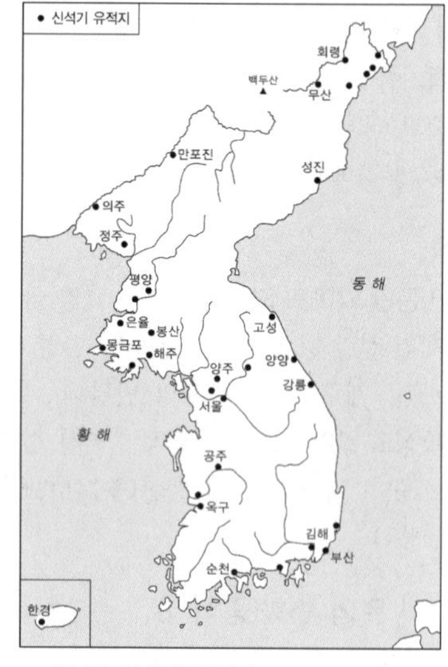

◆ 신석기 시대의 유적지

압축 파일

03 청동기 시대와 철기 시대

이렇게 공부합시다!

- **청동기 시대** ≫ 사용한 도구들과 유적지를 기억하세요.
- **철기 시대** ≫ 사용한 도구들과 유적지를 기억하세요.

1 청동기 시대의 유적과 도구

1. **유적** : 경기 여주 흔암리, 경기 파주 덕은리, 충남 부여 송국리, 충북 제천 황석리, 전남 순천 대곡리, 함북 회령 오동리, 함북 나진 초도, 평북 강계 공귀리, 평북 의주 미송리, 평남 사동 구역 금탄리와 남경, 강원 춘천 중도 등 만주, 한반도 일대에 분포

2. **도구**

❶ 농기구 : 반달 돌칼, 바퀴날 도끼, 홈자귀

❷ 토기 : 미송리식 토기, 민무늬 토기, 붉은 간 토기, 검은 간 토기, 덧띠 토기, 가지무늬 토기

❸ 청동기 : 비파형 동검, 거친무늬 거울

❹ 무덤과 유물들 : 고인돌[남방식(바둑판식), 북방식(탁자식) 등], 돌널무덤, 농경무늬 청동기, 선돌(숭배의 대상) 등

◆ 반달 돌칼

◆ 미송리식 토기

◆ 민무늬 토기

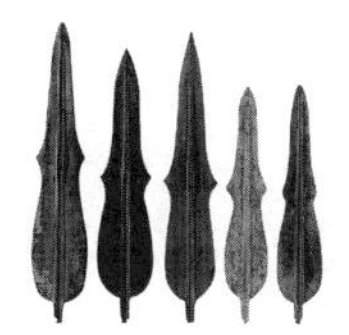
◆ 비파형 동검

2 청동기 시대의 생활

1. **경제**

❶ 농업 : 간석기가 다양해지고 기능 개선, 밭농사가 중심
➡ 일부 저습지에서 벼농사 지음

❷ 사냥이나 고기잡이의 비중이 줄어들고 가축의 사육 증가

2. 주거

❶ 배산임수의 취락(구릉 지대)

❷ 집터의 형태는 대체로 직사각형, 점차 지상 가옥화(주춧돌)

3. 사회 생활

❶ 빈부의 차와 계급 분화

❷ 군장(족장)의 등장

❸ 선민사상 : 천손(하늘의 후손) 사상이 대표적

3 청동기 시대의 예술(바위 그림)

1. **울주 대곡리(반구대)**: 동물 그림

2. **고령 장기리(양전동)**: 기하학적 무늬

4 철기 시대의 유적과 도구

1. **유적** : 경남 창원 성산 패총 야철지, 경남 창원 다호리(붓, 오수전), 경남 사천 늑도(오수전) 등

2. **철제 농기구, 철제 무기 사용** : 깊이갈이의 가능으로 생산력 증가

3. **중국과의 교류** : 명도전(연·제), 반량전(진), 오수전(한), 붓(경남 창원 다호리, 한자의 사용)

4. **무덤** : 널무덤, 독무덤 등

5 철기 시대의 청동기 제작

1. **의례용 도구로 사용**

2. **한반도의 독자적 청동기** : 세형동검, 잔무늬 거울, 거푸집

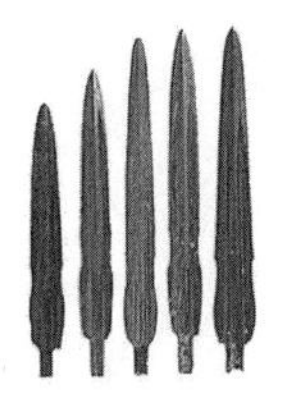

◆ 세형동검

◆ 잔무늬 거울

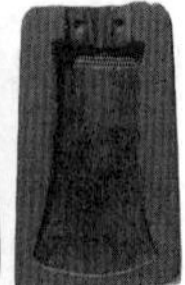

◆ 거푸집

압축
파일

04 고조선

이렇게 공부합시다!

- 고조선 역사의 흐름을 순서대로 기억하세요.
- 단군 이야기와 8조법의 내용을 간단히 분석하세요.
- 단군 이야기가 수록된 역사서들을 기억하세요.

1 고조선사의 흐름

요령에서 출발(비파형 동검, 미송리식 토기, 북방식 고인돌 지역)
➡ 중국 측 기록(『관자』, 『산해경』 등)에 등장
➡ 연의 제후가 왕을 칭하자 고조선의 제후도 왕을 칭함
➡ 연과 요서 지방을 놓고 대립
➡ 연의 장군 진개의 침공으로 중심지 이동(요령에서 대동강 유역)
➡ 부왕에서 준왕으로 이어지는 왕위 세습(상, 대부, 장군 등의 관직)
➡ 위만의 망명(진 · 한 교체기)
➡ 위만의 왕위 찬탈(기원전 194)
➡ 강력한 철기, 정복 사업, 중계 무역
➡ 한과의 대립(예군 남려의 투항과 창해군 설치, 역계경의 망명)
➡ 한나라 사신 섭하가 살해당함
➡ 한 무제의 침공(우거왕 : 왕검성에서 항전)
➡ 지배층의 내분으로 멸망(기원전 108)
➡ 한 군현 설치(낙랑, 현도, 임둔, 진번)
➡ 토착민의 반발(8조에서 60조)
➡ 고구려 미천왕이 낙랑군과 대방군을 축출(313)

2 단군 이야기(청동기 시대를 배경으로 함)

구릉 지대 거주, 농경 사회, 토테미즘, 홍익인간(인본주의), 선민사상, 사유 재산, 계급 사회, 제정일치(단군 - 제사장, 왕검 - 군장)

3 고조선 관련 문헌(단군 이야기)

『삼국유사』, 『제왕운기』, 『세종실록지리지』, 『응제시주』, 『동국여지승람』, 『동국통감』 등에 소개

4 8조법

생명(노동력) 중시, 농경 사회, 계급 사회, 사유 재산, 가부장적 사회

압축 파일

05 초기 국가

이렇게 공부합시다!

초기 국가의 특징들을 기억하세요.

1 부여 · 고구려

부여	위치	숭화강 유역의 평야 지대
	경제	농경과 목축 ➡ 말, 주옥, 모피의 특산물 ➡ 5곡은 생산되나, 5과는 생산되지 않음
	성쇠	연맹 왕국(왕 칭호 사용, 중국과 친선) ➡ 선비족의 침공으로 쇠퇴 ➡ 5세기경 고구려에 편입됨
	정치	대가들(가축의 이름을 딴 마가, 우가, 저가, 구가 등)이 자신의 영토인 사출도를 통치 ➡ 5부족 연맹체 ➡ 미약한 왕권(흉년이 들면 왕을 죽이기도 함)
	사회	① 엄격한 법률(1책 12법) ② 가부장적 질서(간음과 투기한 부인은 사형, 일부다처제, 형사취수제) ③ 순장 ④ 흰옷을 즐겨 입음 ⑤ 우제점복 ⑥ 제천 행사 : 영고(12월, 수렵 사회의 전통)
고구려	위치	부여에서 남하한 주몽이 토착 세력과 연합하여 압록강 지류의 졸본에 건국 ➡ 2대 유리왕 때 국내성으로 천도
	발전	척박한 산악 지역이라 주변 지역을 약탈 ➡ 한 군현을 침공하고, 옥저 등으로부터 공물을 수취
	정치	연맹 왕국(5부족 연맹체) ➡ 고추가, 상가 등의 대부족장이 각자 조의, 선인 등의 관리를 거느리고 자기 지역을 통치, 제가 회의
	사회	① 부경(약탈 창고) ② 서옥제(데릴사위) ③ 1책 12법 ④ 형사취수제 ⑤ 중국과 안 좋음 ⑥ 우제점복 ⑦ 국동대혈(큰 동굴에서 의식을 함) ⑧ 장례를 후하게 치름(후장) ⑨ 범죄자는 사형 ⑩ 제천 행사 : 동맹(10월)

2 옥저 · 동예

옥저	위치	함흥평야와 연해주 일대
	경제	농경과 어업, 염전의 발달
	정치	고구려의 압력으로 연맹 왕국으로 성장하지 못함(군장 국가) ➡ 군장을 읍군, 삼로, 거수 등으로 부름
	사회	① 민며느리제(매매혼) ② 가족 공동 무덤(골장제) ③ 제천 행사(?)
동예	위치	영동 지방과 원산만 일대
	정치	군장 국가 ➡ 읍군, 삼로, 후 등으로 부름
	사회	① 단궁(짧은 활), 과하마(조랑말), 반어피(바다표범 가죽)를 수출 ② 명주와 삼베 생산 ③ 족외혼 ④ 책화(서로의 영역을 존중) ⑤ 여(呂)자형 철(凸)자형 주거지 ⑥ 제천 행사 : 무천(10월)

3 삼한

위치	강원도와 제주도를 제외한 현재의 대한민국 지역 ➡ 마한 54국(경기, 충청, 전라), 진한 12국(낙동강 동쪽, 경북), 변한 12국(낙동강 서쪽, 경남)
정치	① 마한 중 목지국의 군장이 삼한을 대표 ② 제정 분리 사회(군장의 힘이 제사장의 힘을 능가) ③ 세력이 큰 군장(신지, 견지), 세력이 작은 군장(읍차, 부례) ④ 제사장(천군 : 치외 법권의 신성 구역인 소도를 다스림)
사회	① 벼농사(저수지 : 김제 벽골제, 밀양 수산제, 제천 의림지) ② 철 수출(변한) ③ 주구묘(마한), 독무덤 등 ④ 주거 : 귀틀집, 반움집, 토실(마한) ⑤ 솟대, 선돌 ⑥ 공동 노동 조직 두레 존재 ⑦ 제천 행사 : 5월 수릿날, 10월 계절제

◆ 초기 국가의 위치

압축 파일

06 1세기~3세기

이렇게 공부합시다!

1세기~3세기에 일어난 사건들을 왕들을 중심으로 기억하세요.

시기	고구려	백제	신라
1~2 세기	**태조왕(1세기 후반)** ① 중앙 집권 기틀 마련 ② 계루부 고씨의 독점적 왕위 세습 ③ 옥저 복속 **고국천왕(179~197)** ① 왕위의 부자 상속 ② 5부족을 행정적 5부제로 개편 ③ 진대법(춘대추납의 구휼책 ➡ 부채 노비 방지) ④ 을파소 중용		
3세기	**동천왕(227~248)** 압록강 하구의 서안평을 공격 ➡ 위나라 관구검의 침공 ➡ 옥저로 피신	**고이왕(234~286)** ① 중앙 집권 기틀 마련 ② 율령 반포 ③ 관등제(6좌평) ④ 공복(관복) 제정 ⑤ 한강 유역 통합 ⑥ 한 군현과 항쟁	

고대 국가의 형성

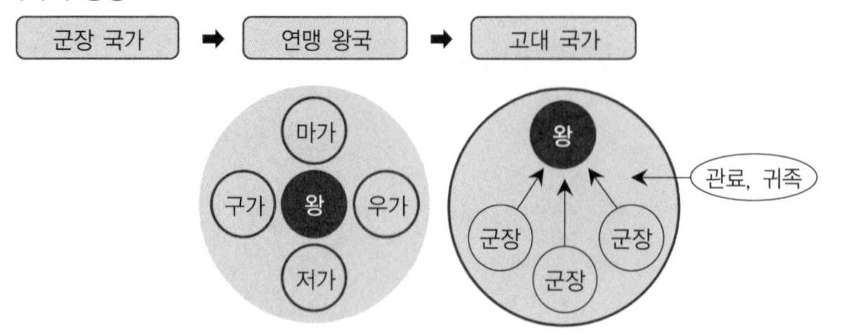

압축 파일

07 4세기

이렇게 공부합시다!

4세기에 일어난 사건들을 왕들을 중심으로 기억하세요.

고구려	백제	신라
미천왕(300~331) ① 압록강 하구의 서안평 점령 ② 낙랑군과 대방군 축출(대동강 유역 확보) **고국원왕(331~371)** ① 전연 모용황의 침공으로 국내성을 함락당함 ② 평양성에서 백제의 공격으로 전사 **소수림왕(371~384)** ① 불교 수용(전진의 순도) ② 태학(유학 교육 기관) 설립 ③ 율령 반포 ➡ 중앙 집권 체제의 강화	**근초고왕(346~375)** ① 영토 확장(마한 정복) ② 가야에 지배권 행사 ③ 해외 진출(요서 · 산둥 · 규슈) ④ 왜왕에게 칠지도 하사 ⑤ 일본에 유교와 한자 전파(왕인, 아직기) ⑥ 평양성 공격(371, 고국원왕을 전사시킴) ⑦ 역사서 편찬(고흥의 『서기』) ⑧ 왕위의 부자 상속제 **침류왕(384~385)** 불교 공인(중국 남조인 동진의 마라난타)	**내물 마립간(356~402)** ① 진한 지역 장악 ② 마립간(대군장) 칭호 사용 ③ 고구려 군대의 도움으로 왜구 격퇴(호우명 그릇) ④ 고구려를 통해 중국 문물 수용 ⑤ 김씨의 왕위 독점

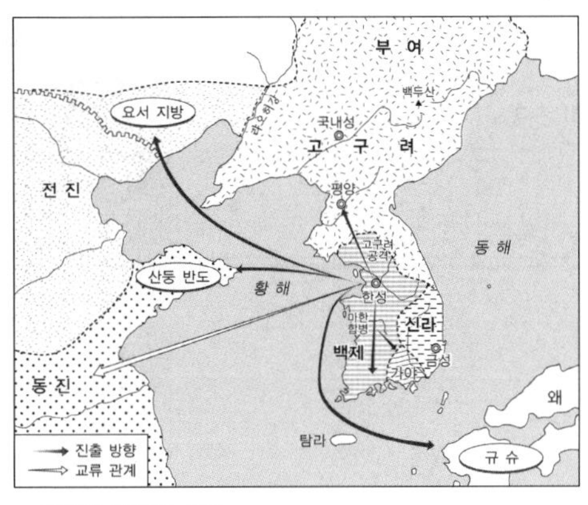

◆ 백제의 발전(4세기)

압축 파일

08 5세기

이렇게 공부합시다!

5세기에 일어난 사건들을 왕들을 중심으로 기억하세요.

고구려	백제	신라
광개토 대왕(391~413) ① 백제 관미성 정복 ② 한강 이북까지 진출 ③ 후연과의 싸움에서 승리하여 요동 정복 ④ 신라를 침공한 왜구 격퇴(호우명 그릇) ⑤ 연호 '영락' 사용(기록상 최초) ⑥ 동부여 정복 ⑦ 거란 · 숙신 정복 **장수왕(413~491)** ① 광개토 대왕릉비 건립 ② 평양으로 천도(427) ③ 중국의 남 · 북조와 동시에 교류 ④ 지방 학교인 경당을 건립 ⑤ 백제 수도인 한성을 점령(475) ⑥ 남한강 유역까지 진출(충주 고구려비) ⑦ 유연과 지두우를 분할 점령 **문자명왕(491~519)** 고구려 최대 영토 확보(북부여 복속)	**비유왕(427~455)** 나 · 제 동맹 체결(433) **개로왕(455~475)** ① 북위(북조)에 국서 전달(472) ② 한강 유역 상실(전사) **문주왕(475~477)** ① 웅진(공주) 천도 ② 왕권 약화, 지배 세력 교체로 암살당함 **동성왕(479~501)** ① 신라와 혼인으로 나 · 제 동맹 강화 ② 탐라(제주도) 복속 ③ 암살당함	**눌지 마립간(417~458)** ① 나 · 제 동맹 체결(433) ② 왕위의 부자 상속 ③ 불교 전래(공인은 안됨) **소지 마립간(479~500)** ① 6촌 ➡ 6부 ② 동성왕과 혼인 동맹 ③ 경주에 시사(시장) 설치 ④ 우역(관도) 정비

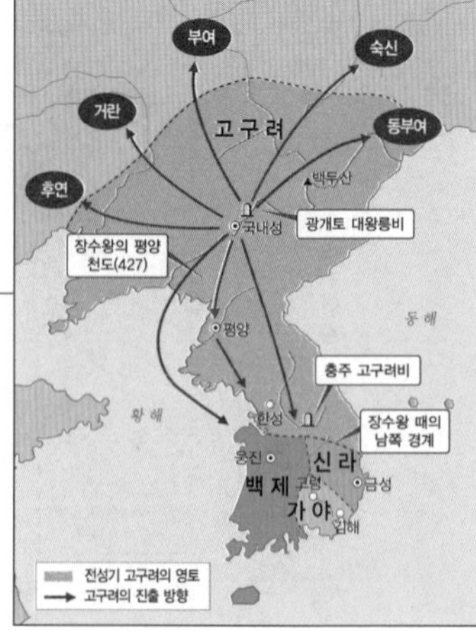

◆ 고구려의 전성기(5세기)

압축 파일

09 6세기

이렇게 공부합시다!

6세기에 일어난 사건들을 왕들을 중심으로 기억하세요.

고구려	백제	신라
귀족 간의 권력 싸움 ➡ 왕권 약화(안장왕, 안원왕의 암살)와 중국 · 돌궐의 침공 ➡ 평원왕 시기에 귀족 간의 타협으로 정치적 안정, 외침의 격퇴(바보 온달 설화)	**무령왕(501~523)** ① 정치 · 사회적 안정 ② 22담로 설치(왕족 파견) ③ 단양이와 고안무를 왜에 파견 ④ 중국 남조(양)와 친선 관계 ➡ 공주 송산리 고분군의 무령왕릉(남조식 벽돌무덤, 벽화와 묘지석, 석수 등) 축조 **성왕(523~554)** ① 체제 정비 : 22부의 중앙 관청, 16관등제 확립 ② 수도 5부, 지방 5방 ③ 사비(부여) 천도(538) ④ 국호를 남부여로 개칭 ⑤ 왜에 불교 전파(노리사치계) ⑥ 불교 진흥(겸익) ⑦ 한강 유역 일시 회복 ➡ 신라 진흥왕의 배신으로 한강 유역 상실 ➡ 관산성 전투에서 대패하여 성왕 전사(554)	**지증왕(500~514)** ① 국호를 신라로 확정 ② '왕'호를 사용(한화 정책) ③ 순장 금지(노동력 유지) ④ 우경 실시 ⑤ 우산국(울릉도) 복속 ⑥ 행정 구역 정비(5주) ⑦ 경주에 시장인 동시와 감독 기구인 동시전 설치 **법흥왕(514~540)** ① 병부 설치(517) ② 율령 반포(520) ③ 골품제(17관등제) ④ 대가야와 결혼 동맹(522) ⑤ 봉평 신라비(524) ⑥ 불교 공인(528) ⑦ 상대등 설치(531) ⑧ 금관가야 병합(532) ⑨ 연호 '건원'(536) **진흥왕(540~576)** ① 화랑도 개편 ② 황룡사(553)와 흥륜사(544)를 창건 ③ 혜량의 불교 교단 정비 ④ 팔관회 개최 ⑤ 『국사』 편찬(거칠부, 545) ⑥ 한강 · 낙동강 유역 · 함흥평야 진출

		⑦ 연호 '개국' · '대창' · '홍제' 사용 ⑧ 한강 상류 장악(단양 적성비) ➡ 한강 하류 장악(신주 설치, 553) ➡ 관산성 전투(554) ➡ 북한산 순수비 건립 ➡ 창녕 순수비 건립 ➡ 대가야 정복(낙동강 유역 완전 장악) ➡ 황초령비 · 마운령비 건립 (함흥평야 진출) **진지왕(576~579)** 폐위당함(화백 회의)

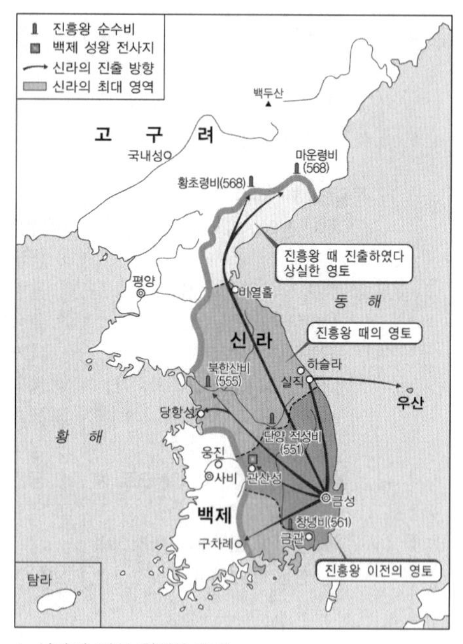

◆ 신라의 영토 확장(6세기)

압축 파일

10 가야

이렇게 공부합시다!

금관가야와 대가야의 역사적 사실들을 잘 구분하세요.

1 전기 가야 연맹(금관가야 중심, 1세기~4세기)

1. 성립과 발전

❶ 성립 : 낙동강 유역의 변한 지역에서 성립, 김해 지역의 금관가야를 중심으로 발전

❷ 번영 : 농경의 발달, 철 생산으로 낙랑 · 왜와 중계 무역

2. 쇠퇴 : 낙랑군의 멸망으로 철을 매개로 한 중계 무역의 타격 ➡ 4세기 말~5세기 초 고구려 군대의 침공으로 쇠퇴 ➡ 신라 법흥왕 때 멸망(532)

2 후기 가야 연맹(대가야 중심, 5세기~6세기)

1. 성립과 발전

❶ 성립 : 고령의 대가야를 중심으로 후기 가야 연맹의 성립

❷ 전성기 : 소백산맥 서쪽 섬진강 유역의 전라도 남원까지 진출, 중국 남조와 단독 외교 관계를 맺고 '보국장군 본국왕'의 책봉을 받음(479)

2. 쇠퇴와 멸망

❶ 쇠퇴 : 백제의 전라도 진출(섬진강 유역 진출)과 압박 ➡ 신라 법흥왕과 결혼 동맹을 체결(522) ➡ 섬진강 유역을 백제에 빼앗김

❷ 멸망 : 신라의 낙동강 서안 진출이 강화되자 백제와 동맹(541) ➡ 백제의 반 속국으로 전락한 상황에서 관산성 전투에 동원됨 ➡ 참패 ➡ 신라 진흥왕의 침공으로 멸망(562)

3 문화

1. 금동관, 철제 갑옷, 가야 토기(➡ 일본 스에키 토기에 영향)

2. 김해 대성동 고분군(순장, 금동 허리띠, 덩이쇠, 마구, 갑주)

3. 고령 지산동 고분군(순장, 마구, 갑주), 함안 말이산 고분군, 부산 복천동 고분군 등

압축 파일

11 삼국의 통치 체제

이렇게 공부합시다!

- 삼국의 귀족 회의를 기억하세요.
- 삼국의 통치 조직을 기억하세요.

1 삼국의 통치 조직

1. **삼국의 귀족 회의** : 고구려의 제가 회의, 백제의 정사암 회의, 신라의 화백 회의

2. **통치 조직의 정비** : 관등제 정비(신분제에 의해 제약)

구분	관등 조직	중앙 관제	지방(장관)	특수 구역
고구려	10여 관등(형·사자 계열) ➡ 여러 가지 설 존재	대대로(막리지)가 국정 총괄	• 중앙 : 5부 • 지방 : 5부(욕살)	3경(평양성, 국내성, 한성)
백제	16관등	상좌평(내신좌평)이 국정 총괄 ➡ 6좌평 + 22부	• 중앙 : 5부 • 지방 : 5방(방령)	22담로
신라	17관등(골품제 제한, 중위제) ➡ 2원절(중앙의 경위와 지방의 외위로 구분) ➡ 외위는 삼국 통일 이후 소멸	집사부(진덕 여왕) 설치, 상대등은 귀족 회의 주관(만장일치제, 왕권 견제)	• 중앙 : 6부 • 지방 : 5주(군주)	2소경(충주, 강릉)

압축 파일

12 삼국의 비석들

이렇게 공부합시다!

비석들을 나라별로 구분하고, 광개토 대왕릉비와 충주 고구려비, 임신서기석은 비문의 내용을 조금 더 알아두세요.

비문	내용
지안 고구려비	• 광개토 대왕 때 제작된 고구려 최고(最古)의 비석으로 추정 • 수묘제(무덤 관리 제도)의 재정비 등의 내용
광개토 대왕릉비	• 장수왕이 광개토 대왕의 업적을 기념하기 위해 세운 비석 • 1부 – 역대 고구려 왕들의 치적과 건립 배경 • 2부 – 광개토 대왕의 정복 활동 • 3부 – 수묘인 관련 기록 • 고구려의 천하관
충주 고구려비	• 장수왕 때 건립된 것으로 추정 • 고구려의 남한강 유역 진출 • 고구려의 천하관 • 고구려와 신라의 관계
포항 중성리비	현존 최고의 신라비
영일 냉수리비	신라의 비석
울진 봉평 신라비	법흥왕, 신라의 북진을 반영, 율령 반포 사실을 기록
영천 청제비	법흥왕
단양 적성비	진흥왕, 남한강 확보책
북한산비	진흥왕, 한강 하류 진출(김정희의 고증)
창녕비	진흥왕, 창녕 지역 정벌(가야 정벌)
황초령비	진흥왕, 함흥평야 진출
마운령비	진흥왕, 함흥평야 진출
남산 신성비	신라의 비석
임신서기석	화랑들이 유교 공부를 열심히 하였다는 기록

압축 파일

13 7세기

이렇게 공부합시다!

7세기에 일어난 사건들을 왕들을 중심으로 기억하세요.

고구려	백제	신라
영양왕(590~618) ① 온달의 전사 ② 『신집』 5권(이문진) ③ 요서 공격 ④ 살수 대첩(을지문덕) **영류왕(618~642)** ① 대당 화친 정책 ② 천리장성 축조 시작 ③ 연개소문의 정변 ➡ 살해당함 **보장왕(642~668)** ① 천리장성 완성 ② 연개소문의 집권 ③ 도교 장려 ④ 멸망	**무왕(600~641)** ① 서동요(선화 공주) ② 왕흥사, 미륵사 ③ 익산 천도 시도 ④ 무왕 쌍릉 **의자왕(641~660)** ① 해동 증자 ② 대야성 정복(김품석 살해) ③ 멸망	**진평왕(579~632)** ① 위화부, 조부, 예부 ② 연호 '건복' ③ 원광의 걸사표 ④ 진종 설화(부처 집안) **선덕 여왕(632~647)** ① 대야성 함락 ② 나·당 동맹 제안 ③ 황룡사 9층탑(자장) ④ 첨성대 ⑤ 분황사 모전 석탑 ⑥ 비담의 난 **진덕 여왕(647~654)** ① 집사부 설치 ② 마지막 성골 왕 ③ 나·당 동맹 체결 ④ 불교식 왕명(중고기)의 마지막 **무열왕(654~661)** ① 최초의 진골 출신 왕 ② 금관가야 왕비족 ③ 갈문왕 폐지 ④ 시중의 권한 강화 ⑤ 백제 멸망 ⑥ 강수의 발탁 **문무왕(661~681)** ① 삼국 통일 ② 원효의 포교 활동 ③ 의상의 화엄종(문무왕의 지원 – 부석사)

압축
파일

14 삼국 통일의 과정

이렇게 공부합시다!

조금 길지만, 삼국 통일 과정은 순서가 중요합니다. 꼭 기억하세요. (연도는 대충 그 시기란 것만 아시면 됩니다. 외우실 필요는 없어요.)

1 나 · 당 동맹 이전까지

❶ 수의 중국 통일(589)
❷ 고구려(영양왕)의 요서 공격
❸ 진평왕 때 원광의 걸사표(수나라에 고구려 침공 요청, 608)
❹ 수 vs 고구려(을지문덕의 살수 대첩, 612)
❺ 수 멸망, 당 건국(618)
❻ 신라 선덕 여왕 즉위(632)
❼ 백제의 신라 공격(백제 의자왕이 대야성 등 40여 성을 공격하여 김춘추의 딸과 사위 등이 죽음, 641)
❽ 연개소문의 정변(641)
❾ 신라 김춘추가 고구려 연개소문에게 원병 요청(고구려의 거부, 642)
❿ 당 vs 고구려(안시성 전투, 645)
⓫ 고구려 천리장성 완공(647)
⓬ 비담의 난으로 선덕 여왕 사망(김춘추 · 김유신이 반란을 진압, 647)

2 나 · 당 동맹 이후

❶ 나 · 당 동맹 정식 체결(진덕 여왕, 648)
❷ 김춘추가 무열왕으로 즉위(654)
❸ 계백과 김유신의 황산벌 전투(660)
❹ 백제 멸망(660)
❺ 당의 웅진 도독부 설치(660)
❻ 백제 부흥 운동(복신 · 도침 · 부여 풍 : 주류성, 흑치상지 · 지수신 : 임존성, 왜의 지원)
❼ 무열왕 사망(661)
❽ 당의 계림 도독부 설치(663)

❾ 백강 전투(백제 부흥 운동의 종결, 663)
❿ 연개소문 사망, 문무왕과 백제 왕자의 취리산 회맹(665)
⓫ 고구려 멸망(668)
⓬ 당의 안동 도호부 설치(668)
⓭ 고구려 부흥 운동(안승 · 검모잠 : 한성, 고연무 : 오골성)
⓮ 신라의 소부리주(사비) 설치(671)
⓯ 신라의 고구려 부흥 운동 지원[금마저(익산)에 안승을 보덕국왕으로 임명(674)]
⓰ 매소성 전투(675)
⓱ 기벌포 전투(676)
⓲ 신라의 삼국 통일 완성(676)
⓳ 발해 건국(698)

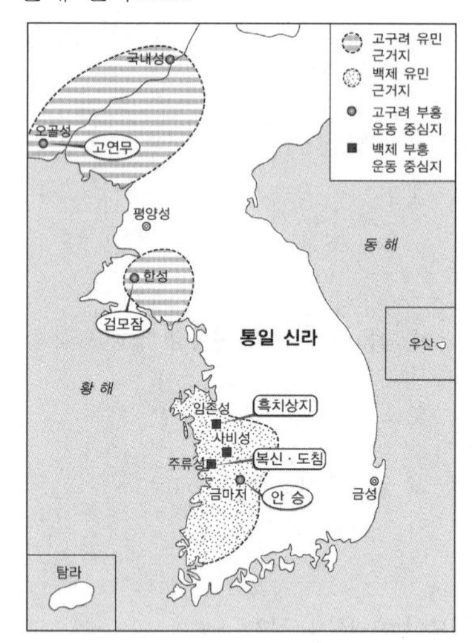

◆ 백제, 고구려의 부흥 운동

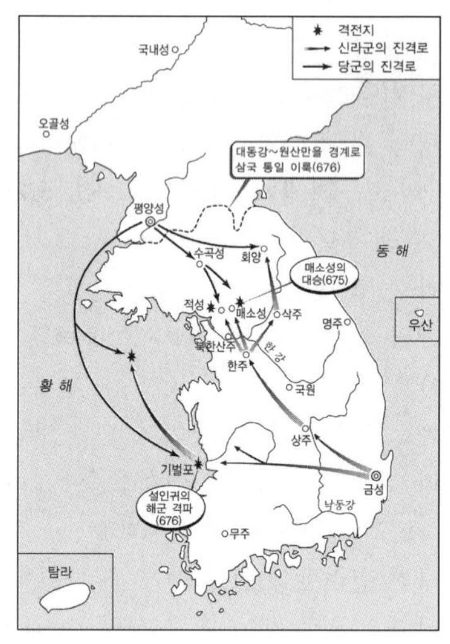

◆ 나 · 당 전쟁

압축 파일

15 신라 중대와 발해 전기

이렇게 공부합시다!

왕들을 중심으로 기억하세요.

통일 신라	발해
신문왕(681~692) ① 김흠돌 모반 사건 ② 중앙 정치 기구와 군사 조직(9서당 10정) 정비 ③ 9주 5소경 체제의 지방 행정 조직 완비 ④ 문무 관리에게 관료전을 지급하고(687), 녹읍을 폐지(689) ⑤ 국학 설립 ⑥ 달구벌(대구) 천도 계획 ⑦ 만파식적(피리) ⑧ 감은사지 3층 석탑 건립 ⑨ 설총을 중용(화왕계) **효소왕(692~702)** 경주에 서시(서시전)와 남시(남시전) 설치 **성덕왕(702~737)** ① 유교 정치 강화(백관잠) ② 정전 지급(722) **경덕왕(742~765)** ① 중국식 명칭 사용(실패) ② 관료전 폐지, 녹읍 부활(757) ③ 국학 ➡ 태학감 ④ 불국사와 석굴암 창건 ⑤ 성덕 대왕 신종 제작 시작 **혜공왕(765~780)** ① 중대 전제 왕권기 마지막 왕 ② 성덕 대왕 신종 완성 ③ 96각간의 난(768) ④ 김지정의 난(780)으로 피살	**무왕(719~737)** ① 연호 '인안' ② 만주 확보 ③ 흑수말갈 원정 ④ 일본에 사신 보냄(저자세) ⑤ 장문휴의 수군으로 당의 산둥 지방 공격 ➡ 요서에서 당군과 격돌 ⑥ 동생 대문예의 당 망명 **문왕(737~793)** ① 연호 '대흥', '보력' ② 당과 친선 관계 ③ 3성 6부제 ④ 주자감 설치 ⑤ 신라와 상설 교통로 신라도 개설 ⑥ 중경 ➡ 상경 ➡ 동경으로 천도 ⑦ 당에게 '발해 국왕'으로 책봉 ⑧ 천손(황제 의식)을 드러내어 일본과 외교 마찰 ⑨ 고려국 표명(고구려 계승 의식) ⑩ 전륜성왕 주장 ⑪ 정혜 공주(육정산 고분군)와 정효 공주(용두산 고분군)의 아버지

압축 파일

16 신라 하대와 발해 후기

이렇게 공부합시다!

- **신라** ≫ 원성왕과 진성 여왕은 왕을 중심으로 기억하시되, 나머지 신라 하대의 사건들은 시간적 흐름만 파악하셔도 됩니다.
- **발해** ≫ 선왕을 잘 기억하세요. 그리고 발해의 고구려 계승 증거를 알아두세요.

1 신라 하대의 정치 변화

진골 귀족의 권력 다툼으로 정국이 혼란스러워짐 ➡ 귀족 간의 일정한 타협이 이루어졌으나 수탈이 극심해짐 ➡ 곳곳에서 민중 봉기가 일어나고 도적들이 창궐함(예 기훤, 양길, 신라구 등) ➡ 지방의 호족 세력과 6두품 유학자, 선종 승려, 풍수지리 사상가 등이 결합하여 후삼국 시대를 열게 됨

2 신라 하대와 발해 후기의 왕들

통일 신라	발해
선덕왕(780~785) ① 무열왕계 ➡ 내물왕계 ② 발해를 대비하여 국경에 패강진 설치 **원성왕(785~798)** 독서삼품과 **헌덕왕(809~826)** ① 김헌창의 난(822, 공주에서 장안국을 세움) ② 김범문의 난(825, 여주) **흥덕왕(826~836)** 청해진 설치(828) **문성왕(839~857)** 장보고의 난(846)	**성왕(794~795)** ① 연호 '중흥' ② 동경에서 상경으로 천도 **선왕(818~830)** ① 연호 '건흥' ② 말갈족을 대부분 복속시키고 요동 지역으로 진출 ③ 지방 제도 완비(5경 15부 62주) ④ 해동성국이라 불림 **애왕(907~926)** 멸망(거란의 침공)

진성 여왕(887~897) ① 『삼대목』 편찬 ② 원종과 애노의 난(889, 상주) ③ 최치원의 시무 10조(894) ④ 적고적의 난 **경애왕(924~927)** 포석정에서 견훤에게 피살 **경순왕(927~935)** 신라의 마지막 왕	

3 발해의 고구려 계승 증거

1. **증거**: 국서(고려왕), 대조영의 계통, 고구려계 귀족들, 불상(이불병좌상), 정혜 공주 묘(굴식 돌방무덤), 석등, 상경성의 온돌 등

2. **증거 아닌 것**: 상경 용천부의 구조, 영광탑, 벽돌무덤(정효 공주 묘)

압축
파일

17 남북국의 통치 체제

이렇게 공부합시다!

여기 나온 것만 꼭 기억하세요.

1 통일 신라

1. 중앙

관부	관장 사무	설치 시기
집사부	국가 기밀, 시중	진덕 여왕
병부	군사	법흥왕
사정부	감찰	무열왕

cf 이 외에도 여러 개의 부가 있음

2. 지방

❶ 9주 5소경 설치

㉠ 주의 장관 : 군주에서 총관(뒤에 도독)으로 바꾸어 군사적 기능을 약화시키고 행정적 기능을 강화

㉡ 군사 · 행정상의 요지에 5소경 설치 ➡ 수도의 편재성 보완, 지방의 균형 발전 도모, 지방 세력 감시

㉢ 주 밑에 군 · 현을 두어 지방관 파견, 촌은 토착인인 촌주가 다스림

❷ 지방관 감찰을 위하여 외사정 파견, 지방 세력을 견제하기 위하여 상수리 제도 실시

❸ 특수 행정 구역 : 향, 부곡

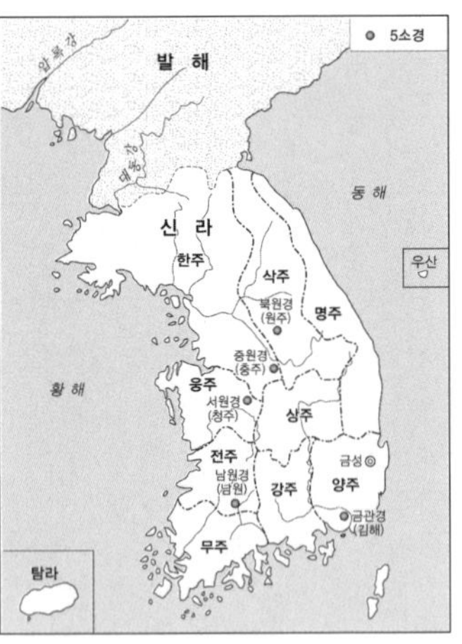

◆ 신라의 지방 행정 조직

3. 군사 조직

❶ 중앙군 : 9서당 ➡ 민족 융합 정책(고구려 · 백제 · 말갈인 등 포함)

❷ 지방군 : 10정 ➡ 각 주에 1정(한주에만 2정)

2 발해

1. **중앙**: 당의 3성 6부가 근간이나 독특하게 운영(**이원적, 유교적 명칭**)
   - ❶ 정당성의 장관인 대내상이 국정을 총괄
   - ❷ 이원적 운영: 좌사정(**충·인·의**), 우사정(**지·예·신**)
   - ❸ 중정대: 감찰 기구
   - ❹ 문적원(**서적 관리**)과 주자감(**중앙의 최고 교육 기관**)

2. **지방**
   - ❶ 5경(**전략적 요충지**), 15부(**지방 행정 중심지**), 62주
   - ❷ 촌락은 주로 말갈족으로 구성

3. **군사 조직**
   - ❶ 10위: 중앙군으로서 왕궁과 수도 경비

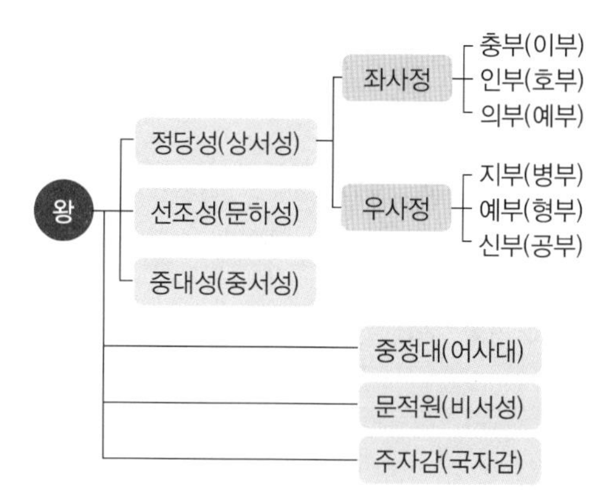

◆ 발해의 중앙 조직

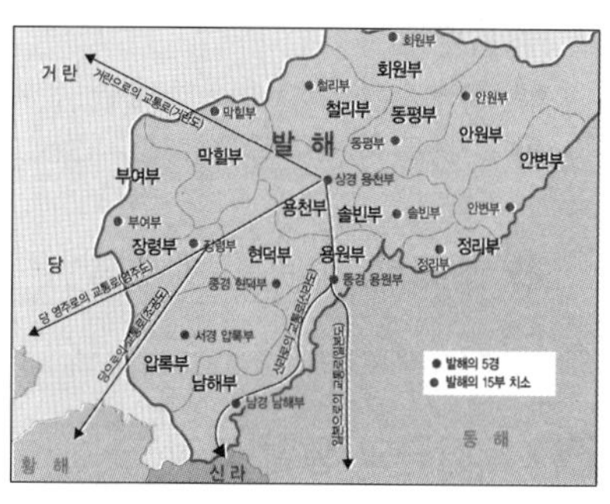

◆ 발해의 지방 행정 조직

압축 파일

18 후삼국 시대

이렇게 공부합시다!

- 견훤과 궁예에 대해 알아두세요.
- 후삼국 통일의 과정을 기억하세요.

1 후삼국의 성립

1. 후백제

❶ 상주 출신의 군인인 견훤이 무진주(광주)에서 자립
❷ 완산주(전주)로 본거지를 옮기고 건국(900)
❸ 중국의 오월·후당 등과 외교 관계 수립

2. 후고구려

❶ 궁예가 송악(개성)에 도읍을 정하고 건국(901), 국호 변경(마진) 후 철원으로 천도
❷ 국호를 마진(904), 태봉(911)으로 변경, 광평성과 9관등제 실시, '무태', '수덕만세' 등의 연호
❸ 과도한 조세 수취, 미륵 신앙을 이용하여 전제 정치 도모 ➡ 신하들에 의해 축출

2 후삼국의 통일 과정

후백제 건국(900) ➡ 후고구려 건국(901) ➡ 왕건의 나주 공략(903) ➡ 후고구려가 국호를 마진으로 바꿈(904) ➡ 철원 천도(905) ➡ 마진이 국호를 태봉으로 변경(911) ➡ 고려 건국(918) ➡ 조물성 전투(924~925, 무승부) ➡ 발해 멸망(926) ➡ 견훤의 신라 공격(경애왕 피살) ➡ 대구 공산 전투(927, 후백제 승) ➡ 안동 고창 전투(930, 고려 승) ➡ 후백제의 내분과 견훤의 고려 귀부(935) ➡ 신라의 항복(935) ➡ 일리천 전투(936, 고려 승) ➡ 후삼국 통일(936)

3 후삼국 통일의 의미

1. 왕건의 호족 융합 정책과 친 신라 정책(통일의 원동력)

2. 발해 유민까지 포함한 진정한 민족 통일

압축 파일

19 고려 초기

이렇게 공부합시다!

- 고려 왕들의 이름을 시기별로 모두 기억하세요.
- 고려 초기의 사실들을 왕들을 중심으로 기억하세요.

1 고려의 왕들('독도는 우리 땅' 노래에 맞춰서 기억!)

1. **초기**: 태혜정광경성(울릉도 동남쪽)
2. **중기**: 목현덕정문순선, 헌숙예인의(뱃길 따라 이백리, 외로운 섬 하나)
3. **무신 정권**: 명신희강고(새들의 고향)
4. **원 간섭기**: 원렬선숙혜목정(그 누가 아무리)
5. **말기**: 공우창공(자기네 땅이라) 고려왕, 고려왕 다 외웠다~(우겨도, 독도는 우리 땅~)

2 고려 초기의 왕들

국왕	정치	경제와 사회	문화
태조 (918~943)	① 북진 정책 ② 서경 중시(분사 정책) ③ 혼인 정책(호족 통합) ④ 토성분정(호족 통합) ⑤ 사성(호족 통합) ⑥ 기인(호족 견제) ⑦ 사심관(호족 견제) ⑧ 훈요 10조(북진, 풍수지리, 숭불) ⑨ 『정계』와 『계백료서』 ⑩ 관제 정비 ⑪ 거란 배척(만부교 사건) ⑫ 발해 유민 수용	① 취민유도(조세 인하) ② 역분전 ③ 흑창(빈민 구제)	① 숭불 ② 풍수지리 ③ 도교 사원(구요당)
혜종 (943~945)	왕규의 난 발생		

정종 (945~949)	① 왕규의 난 진압 ② 광군(거란 대비) ③ 서경 천도 추진	광학보(불교 장학)	
광종 (949~975)	① 과거제 ② 공복(자 · 단 · 비 · 녹) ③ 칭제건원(광덕, 준풍) ④ 송과 수교(연호 폐지)	① 노비안검법 ② 주현공부법(수취 제도) ③ 제위보	① 왕사, 국사 ② 승과 ③ 균여(화엄종) ④ 제관, 의통(천태학)
경종 (975~981)	반동 정치	시정 전시과	
성종 (981~997)	① 최승로(5조 정적평, 시무 28조) ② 2성 6부 ③ 중추원과 삼사 ④ 도병마사, 식목도감 ⑤ 3경 확립(개 · 서 · 동) ⑥ 12목(지방관) ⑦ 문신월과법 ⑧ 향리(호장, 부호장) ⑨ 거란의 1차 침입(서희)	① 노비환천 ② 의창과 상평창(개경, 서경, 12목) ③ 건원중보 ④ 연등회와 팔관회 폐지	① 국자감 ② 박사 파견 ③ 도서관(비서성, 수서원)

사료 탐구하기Q

훈요 10조

1. 우리나라의 대업은 부처님 덕분이니, 교 · 선의 사원을 창건하도록 하라. ➡ 불교 숭상
2. 모든 사원은 다 도선이 산수의 순역을 가려서 개창한 것이니, 함부로 사원을 지어 지덕을 손상시키지 말라. ➡ 풍수지리
4. 거란과 같은 야만국의 풍속을 본받지 말 것 ➡ 북진 정책
5. 서경은 수덕이 순조로워 우리나라 지맥의 근본이니 후세의 왕들이여, 100일간 그곳에서 머물라. ➡ 풍수지리, 불교 숭상
6. 연등, 팔관의 주신은 가감하지 말 것 ➡ 불교 숭상

사심관과 기인

- 태조 18년 신라왕 김부(경순왕)가 항복해오니 신라국을 없애고 경주라 하였다. (김)부로 하여금 경주의 사심이 되어 부호장 이하의 (임명을) 맡게 하였다. 이에 여러 공신이 이를 본받아 각기 자기 출신 지역의 사심이 되었다. 사심관은 여기에서 비롯되었다.
- 건국 초에 향리의 자제를 뽑아 서울에 볼모로 삼고, 또한 출신지의 일에 대하여 자문에 대비하게 하였는데, 이를 기인이라 한다. 『고려사』

5조 정적평 중 광종에 대한 평가

말년에 무고한 사람을 많이 죽이니 우둔한 신의 생각으로는 만약 광종(光宗)이 항상 공검절약(恭儉節約)을 생각하고 정사를 처음같이 부지런히 하였다면 어찌 그 녹과 수명이 길지 못하여 겨우 향년 50에 그쳤겠습니까?

시무 28조

불교를 행하는 것은 수신(修身)의 근본이요, 유교를 행하는 것은 치국(治國)의 근원입니다. 수신은 내생의 복을 구하는 것이며, 치국은 금일의 임무입니다. 금일은 지극히 가깝고 내생은 지극히 머니, 가까움을 버리고 먼 것을 구함은 또한 그릇된 것이 아니겠습니까?

『고려사』 열전, 최승로 편

부문	조목	내용
국방 관계	1	국방비를 절감해야 할 것
불교 관계	2	공덕재를 왕이 직접 베풀지 말 것
	6	사찰의 고리대업을 금지할 것
	8	승려 여철을 궁궐에서 내보낼 것
	10	승려가 역관에 유숙하는 것을 금지할 것
	16	사찰을 마구 짓지 못하게 할 것
	18	불상에 금·은을 입히지 못하게 할 것
	20	불교 의식인 공덕과 유교 통치 행위인 정사를 균형있게 할 것
사회 문제	4	관리를 공정히 선발할 것
	7	지방관을 파견할 것
	9	신분에 맞추어 복식을 입게 할 것
	12	섬사람들의 공역을 줄여 줄 것
	15	궁궐에서 일하는 노비 수를 줄일 것
	17	신분에 따라 가옥의 규모를 맞추게 할 것
	19	삼한 공신의 자손에게 벼슬을 줄 것
	22	노비의 신분을 엄격히 규제할 것
왕실 관계	3	왕실을 호위하는 군졸 수를 줄일 것
	14	왕은 신하를 예로써 대우할 것
중국 관계	5	중국과의 사사로운 무역을 금지할 것
	11	중국 문물을 본받더라도 의복 등은 우리(고려) 풍속에 따를 것
토착 신앙 관계	13	연등회·팔관회를 줄이고, 의식용 인형을 만들지 못하게 할 것
	21	음사(淫祀)를 제한할 것

압축 파일

20 고려 중기

이렇게 공부합시다!

- 고려 중기의 사실들을 왕들을 중심으로 기억하세요.
- 인종 집권기는 시간의 순서대로 기억하세요.
- 개경파와 서경파를 구분하세요.

1 고려 중기의 왕들

국왕	정치	경제와 사회	문화
목종 (997~1009)	① 천추태후(김치양) ② 강조의 정변	① 개정 전시과 ② 군인전과 한인전	
현종 (1009~1031)	① 거란의 2차(양규), 3차(강감찬) 침입 ② 나성 축조 ③ 4도호부 8목 ④ 경기와 5도 양계 ⑤ 주현공거법 ⑥ 감목양마법	연등회와 팔관회 부활	① 초조대장경 조판 시작 ② 『7대 실록』
정종 (1034~1046)	천리장성 완성		
문종 (1046~1083)	① 남경(한양) 설치 ② 삼원신수법 ③ 삼심제 ④ 고려의 전성기	① 경정 전시과 ② 공음전 ③ 동·서대비원 ④ 재면법 ⑤ 남경 길지설	① 9재 학당(최충) ② 아들 : 의천
선종 (1083~1094)			교장 초판(의천)
숙종 (1095~1105)	① 별무반 ② 남경 개발	① 은병(활구) ② 해동통보 ③ 6촌 내 혼인 금지	① 천태종(의천) ② 서적포 ③ 기자 사당
예종 (1105~1122)	① 한안인 등용 ② 윤관의 동북 9성 ③ 속현에 감무 파견	① 구제도감 ② 혜민국	① 관학 진흥책(7재, 양현고, 청연각, 보문각) ② 도교(복원궁)

인종 (1122~1146)	이자겸이 한안인 숙청 ➡ 이자겸의 주도로 금과 군신 관계 체결 ➡ 인종의 이자겸 제거 시도 ➡ 이자겸의 난(with 척준경) ➡ 정지상의 탄핵으로 척준경 제거 ➡ 인종의 서경 천도 시도 (대화궁) ➡ 서경 천도 실패 ➡ 묘청의 반란 ➡ 『삼국사기』의 편찬, 서경의 분사 폐지		① 『삼국사기』(김부식) ② 국자감 진흥(경사 6학)
의종 (1146~1170)	무신 정변		

◆ 묘청의 서경 천도 운동

2 개경파 VS 서경파

보수적 관리(개경파)	개혁적 관리(서경파)
개경에 기반을 둔 기성 문벌 귀족	지방 신진 세력
사대적 유교 사상, 풍수 도참 사상 배격	풍수도참설과 결부된 자주적 사상
신라 계승 의식(김부식)	고구려 계승 의식(묘청, 정지상)
금과의 사대 수용	칭제건원, 금 정벌 주장

사료 탐구하기Q

신채호의 서경 천도 운동 인식

묘청의 천도 운동에 대하여 역사가들은 단지 왕사(王師)가 반란한 적을 친 것으로 알았을 뿐인데 이는 근시안적인 관찰이다. 그 실상은 낭가와 불교 양가 대 유교의 싸움이며, 국풍파 대 한학파의 싸움이며, 독립당 대 사대당의 싸움이며, 진취 사상 대 보수 사상의 싸움이니, 묘청은 전자의 대표요 김부식은 후자의 대표였던 것이다.

신채호, 『조선사 연구초』 조선 역사상 일천년래 제일대사건

압축 파일

21 무신 집권기

이렇게 공부합시다!

- 무신 집권기는 왕보다 무신 집권자들의 순서와 그들이 한 일을 아시는 것이 중요합니다.
- 여러 봉기들을 시간 순서대로 구분하세요.

<table>
<tr><th>국왕</th><th>정치</th><th>경제와 사회</th><th>문화</th></tr>
<tr><td>명종
(1170~1197)</td><td>① 이의방과 정중부
➡ 정중부
➡ 경대승(도방)
➡ 이의민
② 중방(장군들의 모임)
③ 김보당의 난
➡ 조위총의 난
➡ 교종 승려의 난
➡ 공주 명학소 봉기(망이 · 망소이)
➡ 전주 관노의 봉기
➡ 김사미 · 효심(이의민 집권기, 신라 부흥 운동)</td><td>전시과 붕괴</td><td>① 수선사(지눌)
② 『동명왕편』(이규보)</td></tr>
<tr><td>신종
(1197~1204)</td><td rowspan="3">① 최충헌
② 교정도감(최고 기구)
③ 도방(사병)
④ 흥녕부(진주 지방 식읍)
⑤ 만적의 봉기
➡ 광명 · 계발의 봉기
➡ 이비의 봉기
➡ 최광수의 봉기(고구려 부흥 운동)</td><td rowspan="3"></td><td rowspan="3"></td></tr>
<tr><td>희종
(1204~1211)</td></tr>
<tr><td>강종
(1211~1213)</td></tr>
</table>

고종 (1213~1259)	① 최우 ➡ 최항 ➡ 최의 ② 마별초(최우) ③ 삼별초(최우) ④ 정방(최우) ⑤ 서방(최우) ⑥ 몽골의 침공 순서: 강동성의 역 ➡ 박서(귀주성) ➡ 강화도 천도 ➡ 처인성(김윤후) ➡ 충주성(김윤후) ➡ 충주 다인철소 ➡ 쌍성총관부 상실	① 관악산 초적 ② 이연년의 봉기(백제 부흥운동)	① 『해동고승전』(강화도 이전) ② 『상정고금예문』 ③ 『향약구급방』 ④ 황룡사 9층 목탑 소실 ⑤ 초조대장경 소실 ⑥ 팔만대장경의 조판 ⑦ 「보한집」(최자) ⑧ 『동국이상국집』(이규보) ⑨ 「국순전」(임춘)
원종 (1259~1274)	① 김준 ➡ 임연 · 임유무 ② 몽골과 강화 ➡ 개경 환도(1270) ➡ 삼별초의 항쟁(배중손, 김통정) ③ 동녕부 상실	① 녹과전(경기 8현) ② 전민변정도감	「파한집」(이인로)

22 원 간섭기

이렇게 공부합시다!

- 원 간섭기의 왕들을 기억하세요.
- 몽골(원)로부터 어떤 굴욕을 당했는지 기억하세요.

1 원 간섭기의 왕들

국왕	정치	경제와 사회	문화
충렬왕 (1274~1308)	① 일본 원정(정동행성) ② 탐라총관부 ③ 관제 격하 ④ 동녕부, 탐라총관부 폐지	① 공녀 ② 전민변정도감 ③ 『농상집요』 ④ 쇄은 ⑤ 박유(일부다처제 건의)	① 『삼국유사』(일연) ② 『제왕운기』(이승휴) ③ 성리학 도입(안향) ④ 성균감 ⑤ 섬학전 ⑥ 문묘
충선왕 (1308~1313)	① 정방 폐지 ② 사림원 설치	① 소금 전매제 ② 전농사 ③ 왕실과의 혼인 가문 설정 ④ 동성 간 혼인 금지	① 만권당(이제현) ② 수시력 ③ 성균관
충숙왕 (1313~1330, 1332~1339)	반전도감(원 입조 비용)	찰리변위도감	
충혜왕 (1330~1332, 1339~1344)	인간쓰레기	소은병	『역옹패설』(이제현)
충목왕 (1344~1348)		① 정치도감 ② 녹과전	경천사지 10층 석탑
충정왕 (1348~1351)			

2 원의 내정 간섭 사례

1. **몽골의 일본 원정 시도** : 1차 원정(1274) 후 정동행성 설치(고려의 병력, 물자 징발) ➡ 2차 원정(1280) ➡ 실패

2. **영토의 상실** : 쌍성총관부(철령 이북), 동녕부(자비령 이북), 탐라총관부(제주, 목마장 설치) ➡ 동녕부와 탐라총관부는 충렬왕 때 반환, 쌍성총관부는 공민왕 때 무력으로 회복

3. **관제 격하 및 축소**
   ❶ 원의 부마국으로 전락하여 왕실의 호칭과 격도 그에 맞게 개편('충'을 붙이고, '왕'으로 격하)
   ❷ 2성 ➡ 첨의부, 6부 ➡ 4사, 중추원 ➡ 밀직사 등

4. **내정 간섭** : 정동행성(내정 간섭), 만호부(군사), 다루가치(감찰관, 공물 징발), 심양왕 제도(고려 왕실 견제), 순마소(경찰 기구), 이문소(사법 기구)

5. **경제적 수탈** : 처녀들을 공녀로 차출(결혼도감), 인삼, 약재, 매(응방) 등 특산물 약탈(반전도감)

6. **영향**
   ❶ 몽골풍, 조혼, 고려양(몽골)
   ❷ 문화의 전래 : 『농상집요』(이암), 목화(문익점 · 정천익), 수시력(이슬람 과학), 성리학(안향, 이제현 : 만권당), 송설체
   ❸ 활발한 신분 이동

압축
파일

23 고려 말기

이렇게 공부합시다!

공민왕도 중요하지만, 우왕 때 일어난 일도 잘 기억하세요.

국왕	정치	경제와 사회	문화
공민왕 (1351~1374)	① 흥왕사의 변(김용의 반란) ② 관제 복구 ③ 정동행성 이문소 폐지 ④ 쌍성총관부 탈환 ⑤ 요동(동녕부) 공략 ⑥ 명의 연호 사용 ⑦ 홍건적의 침입[안동(복주) 피신]	① 신돈의 전민변정도감 ② 목화 전래(문익점)	① 성균관 개편(순수 유교 교육) ② 『사략』(이제현) ③ 대통력 ④ 봉정사 극락전 ⑤ 임제종(보우) ⑥ 천산대렵도
우왕 (1374~1388)	① 왜구 토벌(최영 – 홍산 ➡ 최무선 – 진포 ➡ 이성계 – 황산 ➡ 관음포 – 정지) ② 연호군 ③ 이인임 제거 ④ 명의 철령 이북 요구 ➡ 요동 정벌 시도 ➡ 위화도 회군		① 부석사 무량수전 ② 수덕사 대웅전 ③ 직지심경(청주 흥덕사)
창왕 (1388~1389)	쓰시마 정벌(박위)		
공양왕 (1389~1392)	과전법	저화	

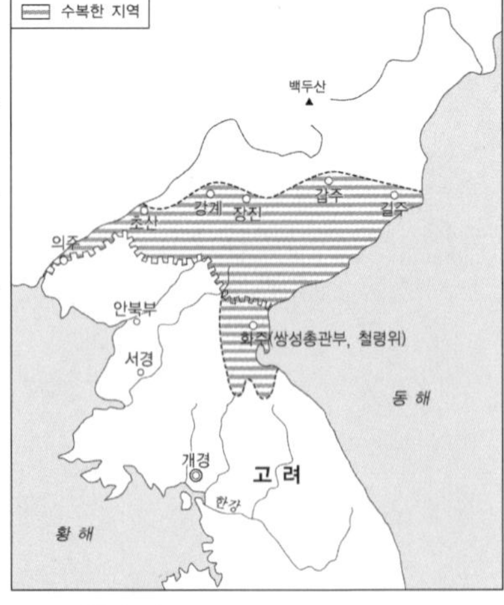

◆ 공민왕의 영토 수복

압축
파일

24 고려의 대외 관계

이렇게 공부합시다!

• 대외 관계의 순서를 기억하세요.
• 고려의 독자적인 천하관을 이해하세요.

1 순서 ➡ 거여금몽홍왜!

2 거란

1. 순서

❶ 태조 : 만부교 사건
❷ 정종 : 광군(광군사) 설치
❸ 성종 : 1차 침공(서희, 강동 6주 확보)
❹ 현종 : 2차 침공(강조의 정변을 빌미로 침공, 양규, 현종의 나주 피난) ➡ 3차 침공(강감찬, 귀주 대첩)

2. 결과

❶ 고려, 송, 거란 간의 세력 균형이 이루어짐
❷ 국방 강화 : 나성(개경의 도성), 천리장성(압록강 하류~동해안 도련포)의 축조(1044)

3 여진

1. 별무반

❶ 윤관의 여진 공격(대 실패)
❷ 별무반의 창설(1104, 숙종) : 신기군, 신보군, 항마군
❸ 동북 9성의 축조(1107, 예종) ➡ 여진족의 반환 요구로 1년 만에 반납

2. 금

❶ 금 건국 : 여진족이 만주 일대를 장악하면서 금나라 건국
❷ 이자겸 등이 정권 유지를 위하여 금과 사대 관계를 맺음
❸ 반발 : 묘청의 서경 천도 운동

4 몽골

1. 순서

거란족의 일부가 몽골에 쫓겨 고려 침입

➡ 몽골 군대와 연합하여 거란족 섬멸(강동성의 역, 1219)

➡ 몽골은 자신들을 은인이라고 내세우며 과도한 공물을 요구

➡ 몽골 사신 저고여의 피살

➡ 1차 침입(귀주성에서 박서의 분전)

➡ 강화 천도 : 최우의 주도로 강화도로 천도(1232)

➡ 2차 침입 : 처인성 전투(승려 김윤후가 몽골 장군 살리타를 죽임)

➡ 3차 침입(1235~1239): 황룡사 9층 목탑 소실, 팔만대장경 조판

➡ 5차 침입(1253): 충주성 전투(김윤후)의 승리

➡ 6차 침입(1254): 충주 다인철소 전투

➡ 최씨 무신 정권 붕괴(무오정변, 1258)

➡ 쿠빌라이 칸과 강화(1259)

➡ 원종의 즉위(1260)

➡ 개경 환도(1270): 환도를 거부하는 무신 정권의 잔여 세력을 제거

➡ 삼별초의 항쟁(1270~1273): 배중손의 지휘 하에 강화도에서 진도(용장성)로, 배중손 사망 이후 김통정의 인솔 하에 제주도에서 항전했으나 여·몽 연합군에게 진압당함

2. 결과

❶ 팔만대장경(재조대장경) 조판, 문화재 소실(황룡사 9층 목탑, 초조대장경, 교장)

❷ 장기간의 전쟁으로 국토가 황폐화되고 백성들은 도탄에 빠짐

◆ 고려 대외 관계의 변천

압축 파일

25 조선 건국의 과정

이렇게 공부합시다!

- 권문세족, 신진 사대부, 신흥 무인에 대해 알아두세요.
- 고려가 멸망하고, 조선을 건국하는 과정을 기억하세요.

1 권문세족과 신진 사대부, 신흥 무인

1. 권문세족과 신진 사대부의 비교

구분	권문세족	신진 사대부
출신 배경	주요 관직 독점, 무신 정권기에 등장한 가문, 친원 세력	지방 향리 출신, 친명 세력
정치 기반	음서와 정방	과거
경제 기반	농장과 노비	지방의 중소 지주
사상 성향	친 불교적	유교적(성리학)

2. 신흥 무인의 성장 : 홍건적과 왜구를 격퇴하는 과정에서 성장

➡ 정세운, 이방실, 최영, 이성계, 최무선 등

2 고려의 멸망과 조선의 건국 과정

❶ 신진 사대부와 신흥 무인 세력의 성장
❷ 우왕의 즉위(이인임의 지원)
❸ 최영과 이성계가 이인임 일파를 제거
❹ 명의 철령위 반환 요구
❺ 최영의 요동 정벌 시도(이성계의 반대)
❻ 이성계의 위화도 회군
❼ 창왕의 즉위
❽ 온건파 사대부와 급진파(혁명파) 사대부의 대립

온건파	혁명파
이색, 정몽주, 이숭인, 길재 등	정도전, 남은, 윤소종 등
고려 왕조 유지	역성혁명
점진적 개혁	급진적 개혁(주례 체제 지향)
경제력 우세(과전법 반대)	경제력 열세(과전법 지지)
다수파	소수파

❾ 공양왕의 즉위
❿ 과전법의 실시
⓫ 정몽주 등의 온건파 제거
⓬ 조선 건국

압축 파일

26 조선 초기(15세기)

이렇게 공부합시다!

- 조선 초기의 사실들을 왕들을 중심으로 기억하세요.
- 정도전, 신숙주 등을 알아두세요.

1 왕들

국왕	정치	경제와 사회	문화
태조 (1392~1398)	① 요동 정벌 추진(진도) ② 의흥삼군부 ③ 『조선경국전』(정도전) ④ 『경제문감』(정도전) ⑤ 『경제육전』(조준) ⑥ 왕자의 난	동・서 대비원	① 도첩제(승려 허가제) ② 『불씨잡변』(정도전) ③ 천상열차분야지도
정종 (1398~1400)	① 개경 천도 ② 의정부 설치		
태종 (1400~1418)	① 한양 천도 ② 6조 직계제 ③ 8도제, 면・리제 ④ 사병 혁파 ⑤ 사간원 설치 ⑥ 외척, 종친 견제 ⑦ 의금부 설치 ⑧ 호패법 실시	① 신문고 ② 서얼금고법 ③ 저화(사섬서) ④ 무역소 설치 ⑤ 노비 감소 추진(노비종부법) ⑥ 사원전 몰수	① 혼일강리역대국도지도 ② 주자소(계미자) ③ 무위사 극락전
세종 (1418~1450)	① 일본과의 관계 : 쓰시마 정벌(이종무) ➡ 3포(부산포, 제포, 염포) 개항 ➡ 계해약조 ② 집현전 설치 ③ 의정부 서사제 ④ 4군 6진 개척	① 공법(연분 9등・전분 6등) ② 조선통보 ③ 사형수 삼심제 ④ 주인의 사적인 노비 사형 금지 ⑤ 관노비의 출산 휴가 연장 ⑥ 동・서 활인서	① 『삼강행실도』 ② 『농사직설』 ③ 『향약채취월령』 ➡ 『향약집성방』 ➡ 『의방유취』 ④ 칠정산(역법) ⑤ 팔도도, 신찬팔도지리지 ⑥ 측우기 ⑦ 『총통등록』 ⑧ 갑인자(식자판) ⑨ 아악(박연), 정간보 창안 ⑩ 『효행록』

			⑪ 『무원록』 ⑫ 『석보상절』 ⑬ 『동국세년가』 ⑭ 훈민정음 ⑮ 『동국정운』 ⑯ 『사서언해』 ⑰ 문화 류씨 영락보(현존×) ⑱ 『태산요록』 ⑲ 몽유도원도(안견) ⑳ 용비어천가, 월인천강지곡
문종 (1450~1452)			① 『고려사』 ② 『고려사절요』 ③ 『동국병감』
단종 (1452~1455)	① 김종서, 황보인 ② 계유정난		
세조 (1455~1468)	① 6조 직계제 ② 집현전 폐지(사육신) ③ 진관 체제 ④ 5위 설치 ⑤ 보법 실시 ⑥ 면리제, 오가작통제 강화 ⑦ 종친의 등용	① 훈구의 부상 ② 직전법 실시 ③ 이징옥의 난, 이시애의 난 ➡ 유향소 폐지 ④ 『경국대전』의 편찬 시작 ⑤ 경시서 ➡ 평시서	① 규형(인지의) ② 동국지도 ③ 『월인석보』 ④ 간경도감 ⑤ 원각사지 10층 석탑(탑골 공원) ⑥ 『사시찬요』(강희맹) ⑦ 팔도도 ⑧ 『축목서』 ⑨ 『양잠서』 ⑩ 해인사 장경판전
성종 (1469~1494)	① 사림의 등용(김종직) ② 홍문관 설치 ③ 경연의 부활 ④ 유향소 복설 ⑤ 『경국대전』 완성	① 관수 관급제 ② 과부의 재혼을 엄격히 금지	① 『삼국사절요』 ② 도첩제 폐지 ③ 『동국여지승람』 ④ 『국조오례의』 ⑤ 『동국통감』 ⑥ 『동문선』 ⑦ 『악학궤범』 ⑧ 『금양잡록』(강희맹) ⑨ 진법(『병장도설』) ⑩ 『해동제국기』(신숙주) ⑪ 안동 권씨 성화보(현존 최고) ⑫ 팔도총도 ⑬ 『금오신화』(김시습)

2 주요 인물

1. **정도전**
   ❶ 재상 중심의 정치(도평의사사) 주장
   ❷ 성리학을 통치 이념으로 확립, 불교 비판(『불씨잡변』), 『조선경국전』, 『고려국사』, 『경제문감』
   ❸ 요동 정벌 추진(진도) : 명나라와 대립
   ❹ 한양 설계

2. **조준** : 과전법 기획, 『경제육전』 편찬, 태종을 지지

3. **권근** : 『입학도설』(성리학 입문서), 태종을 지지

4. **김종서** : 4군 6진 개척, 『고려사』·『고려사절요』 편찬, 계유정난으로 제거당함

5. **신숙주** : 집현전 학사 출신, 『해동제국기』(일본, 류큐 여행기) 저술, 훈구

압축 파일

27 조선 중기(16세기)

이렇게 공부합시다!

- 조선 중기의 사실들을 왕들을 중심으로 기억하세요.
- 훈구와 사림을 비교하세요.
- 조광조를 알아두세요.

1 왕들

국왕	정치	경제와 사회	문화
연산군 (1494~1506)	사화의 과정: 무오(조의제문) ➡ 갑자(폐비 윤씨)		언문 탄압
중종 (1506~1544)	① 기묘사화 ② 왜구의 준동 : 3포 왜란 ➡ 비변사 설치, 임신약조 ➡ 사량진 왜변	① 향약의 보급 ② 군적수포제 ③ 연은분리법(회취법)의 일본 전파	① 백운동 서원(주세붕) ② 소격서 폐지 ③ 『이륜행실도』 ④ 양명학의 전래(서경덕) ⑤ 『표제음주동국사략』(유희령) ⑥ 『동몽선습』(박세무)
인종 (1544~1545)	대윤의 주도		
명종 (1545~1567)	① 문정 왕후(척신 정치) ② 을사사화(대윤 VS 소윤) ③ 정미약조 ➡ 을묘왜변 ➡ 비변사의 상설 기구화 ④ 제승방략 체제	① 임꺽정 ② 직전법 폐지	① 승과 부활(보우) ② 『구황촬요』 ③ 조선방역지도 ④ 소수 서원(이황)
선조 (1567~1608)	시간적 흐름 : 붕당의 시작 ➡ 정여립 모반 사건 ➡ 정철의 건저 ➡ 동인의 분열(남인, 북인) ➡ 임진왜란의 발발 ➡ 훈련도감의 설치 ➡ 정유재란 ➡ 종전 ➡ 통신사(유정) 파견	① 경재소 혁파 ② 이몽학의 난	① 문화재 소실(불국사, 경복궁, 실록의 사고) ② 담배와 고추의 전래 ③ 항왜(김충선) ④ 『성학십도』(이황) ⑤ 『성학집요』, 『기자실기』(이이)

2 훈구와 사림의 비교

구분	연원	정치	경제	문화 · 사상
훈구	계유정난 주도 세력	부국강병, 중앙 집권	대지주	성리학 $+\alpha$, 『주례』 중시, 단군 중시(자주적), 사장 중시
사림	온건파 사대부 계승	왕도정치, 향촌 자치	중소지주	오직 성리학, 『예기』 중시, 기자 중시(존화주의), 경학 중시

3 조광조

향약의 실시, 소학의 장려, 현량과(**사림 추천제**), 방납의 폐단 시정, 소격서 폐지, 공신들의 위훈 삭제 ➡ '주초위왕'건으로 숙청(**기묘사화**)

압축 파일

28 붕당의 형성과 전개 과정

이렇게 공부합시다!

- 붕당 정치가 처음 등장했을 때의 상황을 기억하세요.
- 붕당 정치의 전개 과정을 물 흐르듯이 이해하고 기억하세요.
- 붕당의 학파적 성격과 그 계보를 이해하세요.

1 붕당의 출현(정파+학파)

1. **사림의 정국 주도** : 선조 즉위 이후 대거 중앙 정계로 진출

2. **붕당의 출현** : 척신 정치의 잔재 청산과 이조전랑의 임명을 둘러싼 갈등
   ❶ 기성 사림(서인) : 선조 이전부터 중앙 정치에 참여한 사람들
   ➡ 심의겸을 지지, 이이·성혼의 문인들(기호학파), 개혁에 소극적
   ❷ 신진 사림(동인) : 선조 때 정계에 등장한 사람들
   ➡ 김효원을 지지, 이황·조식·서경덕 학파(영남학파), 개혁에 적극적

2 붕당 정치 초기(선조~광해군)

1. **선조** : 동인 vs 서인(동인의 우세)
   ➡ 정여립 모반 사건(기축옥사)
   ➡ 서인의 권력 장악
   ➡ 정철의 건저(광해군의 세자 책봉 건의)
   ➡ 동인의 권력 장악과 분열(강경파 : 북인, 온건파 : 남인)
   ➡ 임진왜란 시기 남인(유성룡 등)의 정국 주도
   ➡ 종전 이후 북인 집권

2. **광해군** : 북인(대북)의 정국 주도

3 공론의 정치(인조~현종)

1. **인조~효종**: 서인의 정국 주도 하에 남인도 일부 참여(공론의 정치, 재야 사림인 산림의 활약)

2. 현종

❶ 기해예송(1659, 서인 승) ➡ 갑인예송(1674, 남인 승), 공론은 유지

❷ 남인(허목): 왕의 예는 사대부의 예와 다름!(3년설, 1년설)

❸ 서인(송시열): 왕의 예와 사대부의 예는 같음!(1년설, 9개월설)

4 환국

1. 숙종

❶ 남인의 정국 주도(윤휴, 허적)

➡ 경신환국(1680, 서인의 승리, 노론과 소론의 분열)

➡ 기사환국(1689, 남인의 승리, 송시열 사망)

➡ 갑술환국(1694, 서인의 승리)

➡ 장희빈의 죽음

❷ 노론: 노장파(송시열 중심), 최숙빈의 아들인 영조를 지지

❸ 소론: 소장파(윤증 중심), 장희빈의 아들인 경종을 지지

2. **경종**: 소론에 의한 노론 숙청(신축환국, 임인옥사 - 신임사화)

5 붕당과 학통

1. 서인(이이, 성혼 학파)

➡ 노론(이이 학파) / 소론(성혼 학파)

2. 동인(이황, 조식, 서경덕 학파)

➡ 남인(이황 학파) / 북인(대북: 조식 학파, 소북: 서경덕 학파)

압축 파일

29 임진왜란

이렇게 공부합시다!

- 임진왜란은 자나 깨나 순서입니다.
- 임진왜란이 동아시아사에 끼친 영향도 잘 알아두세요.

1 임진왜란의 과정(1592~1598)

부산진 전투(정발)
➡ 동래성 전투(송상헌)
➡ 충주 탄금대 전투(신립)
➡ 선조의 의주 피난(경복궁 소실)
➡ 옥포 해전(최초의 승리)
➡ 사천 해전(거북선 최초 사용)
➡ 당포 해전(통영)
➡ 한산도 대첩(제해권 장악, 왜군의 호남 진출 차단)과 이치 전투(육지 최초의 승리)
➡ 부산포 해전
➡ 1차 진주 전투(진주 대첩, 김시민)
➡ 평양 탈환(조 · 명 연합군, 유성룡과 이여송)
➡ 벽제관 전투(명의 패배)
➡ 행주 대첩(권율)
➡ 휴전 협상(일본의 무리한 요구)
➡ 훈련도감(중앙군) 설치, 속오법(지방군) 실시
➡ 2차 진주 전투(관군의 패배)
➡ 이몽학의 난
➡ 정유재란(1597~)
➡ 이순신의 백의종군(왜장 고니시의 농간, 원균의 모함)
➡ 칠천량 해전(원균, 거제)
➡ 직산 전투(천안)와 명량 해전(진도)
➡ 도요토미 히데요시 사망
➡ 노량 해전(이순신 전사)

Cf 사명대사의 통신사 파견(1607)

2 임진왜란의 결과

1. **조선**: 많은 토지와 인구의 상실, 공명첩과 납속책의 남발로 신분제의 동요, 항왜(**투항한 일본군**)의 활발한 활동

2. **중국**: 명의 쇠퇴와 후금의 성장

3. **일본**: 에도 막부로 정권이 교체됨, 이황 학파의 성리학(**강항**)과 도자기·활자 인쇄술 등의 발전

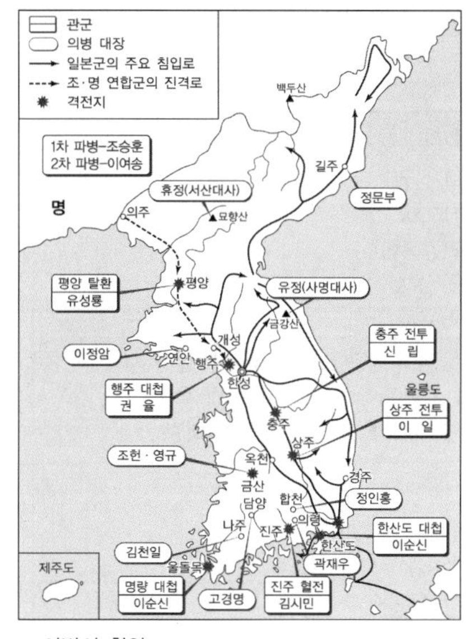

◆ 의병의 활약

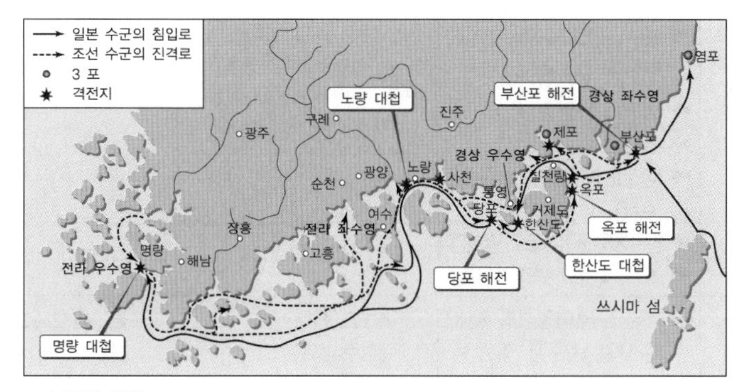

◆ 수군의 활약

압축 파일

30 광해군, 인조, 효종

이렇게 공부합시다!

- 왕들의 정책들을 기억하세요.
- 호란 전후의 일들은 시간적 순서를 따라 이해하세요.

국왕	정치	경제와 사회	문화
광해군 (1608~1623)	① 북인(대북) 정권 ② 기유약조(1609) ③ 중립 외교(강홍립) ④ 영창 대군 살해 ⑤ 인목 대비 유폐	대동법 실시	① 『동의보감』(허준) ② 사고의 정비 ③ 『동국지리지』(한백겸) ④ 『지봉유설』(이수광)
인조 (1623~1649)	시간적 흐름 : 명의 장군 모문룡(가도)을 지원 ➡ 이괄의 난(인조의 공주 피난) ➡ 어영청 ➡ 정묘호란(정봉수와 이립의 항전, 1627) ➡ 후금과 강화(형제 관계 체결) ➡ 총융청 · 수어청 ➡ 후금이 국호를 청으로 바꾸고 군신 관계를 요구 ➡ 주화론 VS 척화론 ➡ 병자호란(임경업, 1638) ➡ 남한산성 ➡ 삼전도의 굴욕(군신 관계 수락) ➡ 많은 사람들이 포로로 끌려감 ➡ 소현 세자의 귀국과 죽음	① 영정법 실시 ② 대동법 확대 ③ 중강 · 회령 개시	① 벨테브레이(박연) ② 『침구경험방』(허임) ③ 『휘찬여사』(홍여하) ④ 금산사 미륵전 ⑤ 법주사 팔상전
효종 (1649~1659)	① 북벌 정책(어영청의 확대, 송시열, 송준길, 이완 등의 서인이 주도) ② 나선 정벌	① 대동법 확대 ② 설점수세제 ③ 노비 추쇄 정책	① 『농가집성』(신속) ② 시헌력(김육) ③ 하멜의 표류

Cf 숙종 : 초기에 윤휴, 허적 등의 남인을 중심으로 북벌을 추진

압축
파일

31 현종, 숙종, 경종

이렇게 공부합시다!

- 현종과 경종은 붕당 정치와 관련된 일을 잘 아시면 됩니다.
- 숙종은 단독으로 출제되는 왕이니, 정책 전반을 이해하세요.

국왕	정치	경제와 사회	문화
현종 (1659~1674)	예송 논쟁(남인 VS 서인)	① 제언사의 부활 ② 노비종모법	① 『여사제강』 ② 『반계수록』(유형원) ③ 『시헌기요』(남병길)
숙종 (1674~1720)	① 환국(경신 · 기사 · 갑술) ② 탕평론의 제기 ③ 서인의 분열(노론, 소론) ④ 금위영 설치(5군영의 완성) ⑤ 안용복의 활동 ⑥ 백두산정계비 ⑦ 단종의 신원 ⑧ 강감찬, 이순신 등의 추모 사업	① 대동법 전국화 ② 상평통보 보급 ③ 조선 중화주의(만동묘, 대보단의 설치)	① 윤휴와 박세당 ② 강화학파(정제두) ③ 『색경』(박세당) ④ 『산림경제』(홍만선) ⑤ 화엄사 각황전
경종 (1720~1724)	① 신축옥사 ② 임인사화		

압축파일

32 영조와 정조(18세기)

이렇게 공부합시다!

영조와 정조의 정책들을 비교하여 이해하세요.

국왕	정치	경제와 사회	문화
영조 (1724~1776)	① 이인좌의 난(소론) ② 완론 탕평(탕평파 육성, 탕평비 건립) ③ 가혹한 형벌 폐지 ④ 전랑권 축소(후임자 추천 폐지) ⑤ 서원 철폐 ⑥ 수성윤음(5군영 근무 조정) ⑦ 사도 세자 처형(시파·벽파의 분열) ⑧ 시파(세자의 죽음을 애도, 노론 일부, 소론, 남인), 벽파(노론 일부)	① 균역법 ② 신문고 부활 ③ 노비종모법 ④ 사형수 삼심제 엄격 실시 ⑤ 청계천 준설 ⑥ 수령수세제	①『동국문헌비고』 ②『속대전』 ③ 동국지도(정상기) ④『택리지』(이중환) ⑤『증수무원록』 ⑥『속오례의』 ⑦『속병장도설』 ⑧ 해동지도 ⑨ 해동악장 ⑩『여지도서』 ⑪『연려실기술』(이긍익) ⑫『훈민정음운해』(신경준) ⑬『성호사설』(이익) ⑭『우서』(유수원) ⑮『의산문답』(홍대용) ⑯『청구영언』(김천택) ⑰ 해동가요(김수장) ⑱ 인왕제색도(정선) ⑲ 동국진체(이광사)
정조 (1776~1800)	① 준론 탕평 ② 초계문신제 ③ 규장각 ④ 장용영 ⑤ 화성 건설 ⑥ 수령권 강화(향약을 주관) ⑦ 만천명월주인옹	① 공장안 폐지 ② 신해통공 ③ 진산 사건(윤지충) ④ 서얼의 등용(검서관) ⑤ 공노비 해방의 추진	①『대전통편』 ②『무예도보통지』 ③『일성록』 ④『동문휘고』 ⑤『탁지지』 ⑥『추관지』 ⑦『규장전운』 ⑧『홍제전서』 ⑨ 문체반정 ⑩『동사강목』(안정복) ⑪『발해고』(유득공) ⑫『고금석림』(이의봉) ⑬『청장관전서』(이덕무) ⑭『열하일기』,『과농소초』(박지원) ⑮『북학의』(박제가) ⑯『마과회통』(정약용) ⑰『해동농서』(서호수) ⑱ 김홍도, 신윤복

33 세도 정치(19세기)

이렇게 공부합시다!

왕들도 파악해야겠지만, 민중 봉기와 천주교 탄압 등의 상황을 잘 이해하셔야 합니다.

국왕	정치	경제와 사회	문화
순조 (1800~1834)	① 세도 정치 시작(벽파 정순 왕후 ➡ 시파 안동 김씨) ② 박종경의 전횡 ③ 효명 세자	① 신유박해와 황사영 백서(1801) ➡ 정약용의 유배, 장용영의 혁파 ② 공노비 해방(1801) ③ 홍경래의 난(1811)	① 『언문지』(유희) ② 『동사』(이종휘) ③ 『해동역사』(한치윤) ④ 『아방강역고』(정약용) ⑤ 청구도(김정호) ⑥ 『자산어보』(정약전)
헌종 (1834~1849)	벽파 풍양 조씨	① 기해박해 ② 병오박해(김대건 순교)	① 감자 전래 ② 『호산외기』 ③ 『연조귀감』 ④ 『오주연문장전산고』 ⑤ 『임원경제지』(서유구)
철종 (1849~1863)	시파 안동 김씨	① 임술 농민 봉기(홍병원과 백낙신의 탐학으로 진주에서 유계춘을 중심으로 시작) ➡ 전국으로 파급 ➡ 박규수 파견 ➡ 삼정이정청 설치 ② 동학 창시(최제우) ③ 서얼 허통 ④ 중인의 소청	① 대동여지도(김정호) ② 『금석과안록』(김정희) ③ 『규사』(이진택) ④ 『이향견문록』 ⑤ 『지구전요』(최한기) ⑥ 『의기집설』

압축파일

34 조선의 대외 관계

이렇게 공부합시다!

- 전기 ≫ 명, 여진, 일본과의 관계를 파악하세요.
- 후기 ≫ 통신사, 안용복, 백두산정계비를 알아두세요.

1 조선 전기의 대외 관계

1. 명(사대)

❶ 태조 : 요동 · 여진 문제로 대립

❷ 태종 이후 : 친선 관계

❸ 사대 외교의 의미 : 자주적 실리 외교, 일종의 공무역

2. 여진(교린)

❶ 회유책 : 귀순 장려, 무역소 설치, 사신의 우대(북평관)

❷ 강경책 : 세종 때 4군 6진의 설치(현재의 국경 확보)

❸ 사민 정책과 토관 제도의 실시로 북방 영토의 안정화

3. 일본

❶ 왜구의 약탈(태조 때 쓰시마 정벌 시도) ➡ 쓰시마 토벌(세종)

❷ 3포 개항(1426, 세종): 부산포, 제포(진해), 염포(울산)

❸ 계해약조(1443, 세종): 제한된 범위 내에서 교역

❹ 3포왜란(중종)

❺ 비변사 설치와 임신약조(중종, 하나의 항구만 개항, 무역량 축소)

❻ 사량진 왜변(중종)

❼ 정미약조(명종, 무역량 축소)

❽ 을묘왜변(명종)

❾ 비변사 상설 기관화

4. 동남아시아 : 류큐(오키나와), 자와, 시암(태국) 등과 가끔 교류

Cf 조선 후기에는 동남아시아 국가들과 거의 교류하지 않음

2 조선 후기의 대외 관계

1. 청

❶ 표면상 : 사대 관계

❷ 북벌론(17세기): 청에 대한 적개심, 명에 대한 의리, 문화적인 우월감 등을 배경으로 추진한 정책 ➡ 서인 정권의 군사적 기반

❸ 북학론(18세기): 일부 실학자들이 청과의 교류 확대를 주장

❹ 백두산정계비 : 두 나라의 대표가 백두산 일대를 답사하고 국경을 확정하여 정계비를 세움(1712)

2. 일본

❶ 사명대사의 통신사 파견(선조, 1607) ➡ 기유약조(광해군, 1609)

❷ 통신사(1607~1811, 12회): 조선과 에도 막부 간의 외교 사절단, 조선의 선진 문화를 일본에 전파, 막부의 권위를 올리는 효과

❸ 울릉도 : 숙종 때 안용복의 활약(1696)으로 울릉도의 소유권을 에도 막부로부터 인정받음

압축 파일

35 고려와 조선의 중앙 통치 기구

이렇게 공부합시다!

고려와 조선의 중앙 통치 기구를 반복해서 기억하세요!

1 고려의 중앙 정치 기구(with 조선)

<table>
<tr><th>구분</th><th colspan="3">고려</th><th>조선과의 비교</th></tr>
<tr><td rowspan="2">2성</td><td rowspan="3">당제</td><td>중서문하성(문하시중): 국정 총괄</td><td>• 재신(고관): 국가 정책 심의
• 낭사: 간쟁, 봉박, 서경</td><td rowspan="2"></td></tr>
<tr><td>상서성(상서령)</td><td>실제적인 행정, 6부(판사)</td></tr>
<tr><td>6부</td><td colspan="2">이·병·호·형·예·공: 상서성 밑, 행정 업무 담당</td><td>6조: 이·호·예·병·형·공</td></tr>
<tr><td>중추원</td><td rowspan="2">송제</td><td colspan="2">• 추밀: 고관, 군국 기무 담당
• 승선: 왕명 출납 담당</td><td>승정원</td></tr>
<tr><td>삼사</td><td colspan="2">회계 업무 담당, 곡식 출납</td><td>조선의 3사
사간원 + 사헌부 + 홍문관</td></tr>
<tr><td>어사대</td><td colspan="3">풍기 단속과 감찰 업무</td><td>사헌부</td></tr>
<tr><td>도병마사</td><td rowspan="2">독자적</td><td colspan="2">• 양부의 고관인 재신 + 추밀이 모임(재추 회의)
• 국방 문제 담당 임시 기구 ➡ 원 간섭기에 도평의사사(도당)로 개편되면서 국정 전반을 담당하는 최고 기구로 발전</td><td>• 조선 전기: 의정부
• 조선 후기: 비변사</td></tr>
<tr><td>식목도감</td><td colspan="2">• 고관들이 모임(도병마사와 동일)
• 법의 제정이나 각종 시행 규정</td><td></td></tr>
<tr><td>대성
(대간)</td><td colspan="3">• 어사대 + 중서문하성의 낭사
• 언관의 역할 수행(왕권의 독주 견제)</td><td>대성 = 양사(3사)
양사 = 사헌부 + 사간원</td></tr>
<tr><td>기타</td><td colspan="3">한림원(외교 문서), 춘추관(역사 편찬 담당), 보문각(궁중 서적 보관), 사천대(천문 관측 기관)</td><td></td></tr>
</table>

2 조선의 중앙 정치 기구

1. **관리** : 문무 양반, 18등급 ➡ 왕과 겸상하는 당상관(정3품 상까지), 실무를 총괄하는 당하관(정3품 하~정4품), 수령 임용이 가능한 참상관(종6품 이상), 하급 관리인 참하관(정7품 이하) 등으로 구분

2. **의정부와 6조**
   ❶ 의정부 : 국정 총괄(영의정, 우의정, 좌의정 등의 재상이 근무)
   ❷ 6조 : 여러 관청들이 업무 분담(판서 : 정2품, 참판 : 종2품) ➡ 행정의 전문성과 효율성 제고
   ❸ 고관들의 정책 협의 : 중요 정책 회의에 참여, 경연에서 정책 협의
   ❹ 조선 후기에 비변사 기능이 확대되면서 의정부·6조가 유명무실화

3. **3사(언론 기능)**
   ❶ 사헌부(수장 : 대사헌) : 감찰
   ❷ 사간원(수장 : 대사간) : 간쟁(간관)
   ❸ 홍문관(수장 : 대제학) : 경연, 자문
   ❹ 사헌부와 사간원의 관리를 '대간'이라 부르며, '양사'라고 함
   ❺ 권력의 독점과 부정을 방지 ➡ 조선 후기에 붕당의 이익을 대변하는 곳으로 전락

4. **기타**
   ❶ 국왕 직속 : 의금부(중대 범죄의 수사와 재판), 승정원(왕명 출납)
   ❷ 한성부(서울 시청), 춘추관(실록 편찬), 성균관(최고 교육 기관), 예문관(교지 작성), 교서관(서적의 간행과 제사 때의 도장을 관리)

3 조선 후기 정치 기구의 변화(비변사의 기능 강화)

1. **설치** : 삼포왜란을 계기로 설치(1510, 중종 5년), 임시 회의 기구 ➡ 을묘왜변(1555, 명종 10년)을 계기로 상설 기구화

2. **변화** : 임진왜란 때 기능 강화 ➡ 비변사의 구성원 확대(전·현직 정승, 공조를 제외한 5조의 판서와 참판, 각 군영 대장, 대제학, 강화 유수 등), 군사·외교·재정·사회·인사 문제 등 거의 모든 정무를 총괄 ➡ 대원군 때 폐지

3. **영향** : 왕권 약화, 의정부와 6조 중심의 행정 체제 유명무실해짐
   ➡ 19세기에 세도 정치의 중심 기구로서 역할 담당

압축 파일

36 고려와 조선의 지방 통치 기구

이렇게 공부합시다!

고려와 조선의 지방 통치 체제의 차이점을 비교하며 기억하세요.

1 고려의 지방 통치

1. 확립 과정

❶ 12목(성종) ➡ 3경 4도호부 8목(현종) ➡ 경기 · 5도 · 양계(현종)

❷ 도호부 : 군사 중심지 / 목 : 행정 중심지

❸ 3경 : 전기의 개경(개성), 서경(평양), 동경(경주) ➡ 문종 이후 개경, 서경, 남경(서울)

❹ 서경에만 분사 제도 실시

2. 5도(일반 행정 구역)

❶ 안찰사를 파견(임기 6개월)

❷ 도에는 주와 군 · 현을 설치하고 지방관을 파견(지방관이 파견되는 주군 · 주현보다 파견되지 않는 속군 · 속현이 더 많았음)

3. 양계(군사 행정 구역)

❶ 국경 지대, 병마사를 파견(안찰사보다 품계가 높음)

❷ 국방상 요충지에 군사적 특수 지역인 '진'을 설치

4. 향 · 소 · 부곡 : 차별 받았던 특수 행정 구역(향 · 부곡 : 농민, 소 : 수공업자 · 광부)

5. 경기 : 개성부에서 관할

6. 중앙 집권의 한계와 향리

❶ 중앙 집권의 한계

㉠ 지방관이 파견되는 주현보다 파견되지 않는 속현이 더 많음

㉡ 속현과 향 · 부곡 · 소는 주현을 통하여 간접 통제 ➡ 실제적인 행정 사무는 향리들이 담당

❷ 향리

㉠ 토착 세력으로서 중앙에서 파견되는 지방관보다 영향력이 컸음

㉡ 읍사에서 근무하며 조세 · 공물의 징수와 부역 징발 담당, 외역전 토지를 분급

2 조선의 지방 행정

특징	속현과 향·소·부곡 소멸, 모든 군현에 수령 파견
관찰사(감사)	감영에 근무, 부·목·군·현의 지방관(수령)을 감찰, 도의 행정·사법·군사 3권 장악, 임기 1년
수령	관내를 다스림, 부·목·군·현의 행정·사법·군사권 장악, 임기 5년, 수령 7사(농업 발전, 부세 수취, 치안 확보 등)의 의무, 부·목·군·현의 수령은 병렬적 편재로 구성
향리	행정 실무를 담당, 토착 향리들이 세습, 6방으로 편성, 관찰사를 보조하는 향리도 있었음, 고려의 향리와 달리 수취권이 없음
면리제	군현 아래에 면·리·통(다섯 집을 하나의 통으로 편성) 설치
유향소 (➡ 향청)	지방 사족들로 구성된 향촌 자치 기구, 좌수와 별감을 자체적으로 선출, 자율적 규약(향규)을 제정, 향회를 소집하여 수령을 보좌하고 향리를 규찰하는 역할
경재소	지방 출신의 중앙 고관을 책임자로 하여 유향소와 정부 사이의 연락 업무를 맡아보는 기관 ➡ 선조 때 폐지(1603) ➡ 경재소 폐지 이후 유향소를 향청으로 부르기 시작함
유수부	개성, 강화, 수원, 광주 등 수도 방위의 요지에 있는 지역들, 경관직의 관리가 유수부의 책임자가 됨

압축 파일

37 고려와 조선의 관리 등용 제도

이렇게 공부합시다!

고려와 조선의 과거 제도의 특징을 꼼꼼하게 파악하세요.

1 고려의 관리 등용 제도

1. 과거

❶ 종류 : 제술과(문학), 명경과(경전), 잡과, 명경과보다 제술과 중시

❷ 의의 : 신분을 중시한 고대 사회와 달리 관료제 사회를 지향

❸ 법제적으로 과거 응시 자격은 양인 이상이나, 귀족과 향리 자제는 명경과와 제술과를 응시, 하급 관리와 평민은 잡과를 응시, 향·부곡민과 천민은 응시를 못함

❹ 합격자는 선발관인 좌주(지공거)와 유착 관계를 형성(좌주·문생제)

2. **음서** : 공신, 종실, 5품 이상 관리의 자손 등에게 혜택을 줌

➡ 고려 관료 체제의 귀족적 특성을 보여줌

2 조선의 관리 등용 제도

1. **과거** : 문과와 무과, 잡과

❶ 문과(대과)

㉠ 종류 : 식년시(정기 시험, 3년마다 실시), 증광시(국가의 경사), 알성시(성균관 유생 대상), 별시(특별 시험) 등

㉡ 응시 자격 : 소과 합격자(생원, 진사)를 원칙으로 하나, 이후 완화

㉢ 소과 합격자 : 성균관 입학 자격 및 문과 응시 자격을 얻거나 혹은 하급 관리로 임용, 합격증으로 백패를 지급

㉣ 문과 응시 과정 : 초시(도별 인구 비례) ➡ 복시(최종 합격자 33인 선발) ➡ 전시(왕 앞에서 실시, 순위 결정, 합격증으로 홍패 지급)

❷ 무과와 잡과(3년마다 실시가 원칙)

㉠ 무과 : 초시 ➡ 복시 ➡ 전시(홍패 지급), 소과를 볼 필요는 없음

㉡ 잡과 : 기술관 선발 시험(백패 지급, 전시는 없음)

❸ 응시 제한

㉠ 문과 : 서얼, 재혼한 여성의 아들과 손자, 탐관오리의 아들, 천민은 응시를 못함

㉡ 무과와 잡과 : 천민을 제외하고는 특별한 응시 제한이 없음

2. 기타

❶ 취재 : 과거 응시가 어려운 사람들을 대상으로 하는 특채
❷ 천거 : 고관의 추천을 받아 간단한 시험을 치른 후 관직에 등용
❸ 음서(문음): 고려에 비하여 대상이 줄었고, 고관 승진도 어려움
❹ 현량과 : 중종 때 조광조의 건의로 실시
❺ 기로과 : 영조 때 실시, 노인 대상
❻ 승과 : 중종 때 폐지, 명종 때 잠시 부활

3. 인사 관리 제도

❶ 상피제 : 친·인척과 같은 관청에 근무하지 않도록 하거나 출신 지역의 지방관으로 임명하지 않는 제도
❷ 서경 : 5품 이하 관리 등용 때 3사에서 심사하는 제도

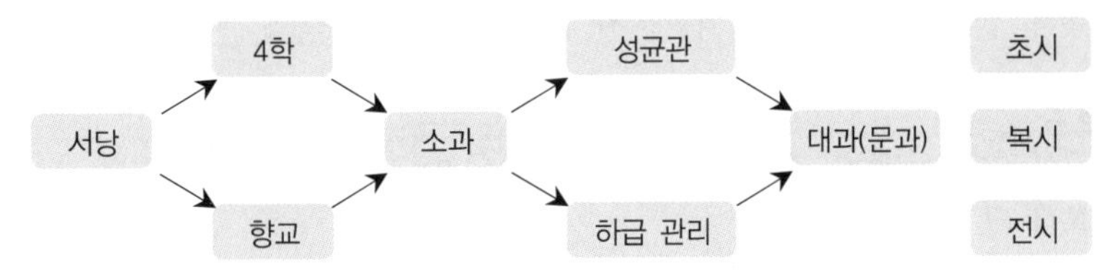

◆ 관리 등용과 교육 제도와의 관계

압축
파일

38 고려와 조선의 군사 제도

이렇게 공부합시다!

시간의 흐름에 따른 군사 제도의 변화를 기억하세요.

1 고려의 군사 제도

1. 중앙군

❶ 구성 : 2군(응양군 · 용호군, 국왕 친위 부대), 6위(수도 경비와 양계에서 국경 방어)

❷ 특징 : 직업 군인, 일부는 의무병 ➡ 군인전 지급, 자손에게 세습

2. 지방군

❶ 구성 : 주진군(양계 주둔), 주현군(5도의 일반 군현에 주둔)

❷ 특징

㉠ 16세 이상의 일반 농민 장정으로 조직

㉡ 주진군 : 상비군(둔전 경작) ➡ 국경 수비 전담

㉢ 주현군 : 외적 방비, 치안 유지, 각종 노역에 동원

3. 조직 : 중방(중앙군의 지휘관 등이 모인 합좌 기구)

4. 특수군 : 광군(정종), 별무반(숙종), 마별초(최우), 삼별초(최우), 연호군(고려 말, 왜구 방어를 위한 양 · 천 혼합 군대)

2 조선 전기의 군사 제도

1. 양인개병제

❶ 16세 이상 60세 이하의 모든 양인 남자에게 군역 의무 부과
➡ 현역 군인인 정군과 비용을 부담하는 보인(봉족)으로 편성

❷ 현직 관료와 학생만 군역 면제(성균관 · 향교 학생 면제)
➡ 종친과 외척, 공신과 고급 관료의 자제들도 고급 특수군에 편입

❸ 보법 : 장정 2인을 1보로 묶어 정군 1인 지원(경작 또는 포 납부)

❹ 복무 대상자 조사 : 3년마다 조사, 작성은 6년마다

2. 정군 : 일정 기간 교대로 복무 ➡ 기간에 따라 품계, 녹봉을 받음

3. 중앙군과 지방군

❶ 중앙군

㉠ 5위 ➡ 지휘 책임은 문반 관료

㉡ 정군을 중심으로 갑사나 특수병으로 구성

❷ 지방군 : 육군과 수군

㉠ 영 · 진 체제(건국 초기): 국방의 요충지에 영 · 진을 설치

㉡ 진관 체제(세조): 해당 지역의 수령이 거진(군사 기지)을 통제

㉢ 제승방략 체제(명종): 유사시에 각지의 수령들이 군사를 이끌고 지정된 방어 지역에 가서 서울에서 보낸 장군의 지휘를 받음

㉣ 병영 : 거진, 수영(수군 기지, 수군의 구성원은 신량역천이 많았음)

4. 잡색군 : 조선 초기에만 있었던 예비군

5. 교통과 통신 체계 정비

❶ 봉수제(신량역천이 맡음) ➡ 임진왜란 이후는 파발제(기발, 보발)

❷ 물자 수송과 통신을 위한 역참 설치(역 · 원 · 진)

3 조선 후기 군사 제도의 변화

1. 중앙군 : 5군영(서인 정권의 군사적 기반이 됨)

❶ 훈련도감 : 임진왜란 중 설치, 삼수병(포수, 사수, 살수)으로 편성

➡ 급료를 받는 직업적 상비군, 지주에게 삼수미세 수취(1결당 2.2두)

❷ 어영청 · 총융청 · 수어청 : 인조 때 설치

❸ 금위영 : 숙종 때 설치

❹ 위치 : 한양(훈 · 어 · 금), 북한산성(총), 남한산성(수)

2. 지방군

❶ 임진왜란 때 진관 체제로 복구(속오군으로 운영)

❷ 속오군 : 양반으로부터 노비에 이르기까지 편제 ➡ 양반들이 노비와 함께 편제되는 것을 회피 ➡ 18세기 이후 포만 바치게 됨

압축 파일

39 수취 제도

이렇게 공부합시다!

다 알아야 하겠지만, 통일 신라 민정 문서와 조선 전기와 조선 후기의 수취 제도를 완벽히 이해하는 것이 특히 중요합니다.

구분	전세	공납	역
삼국	대체로 재산 정도에 따라 징수	지역 특산물을 징수	15~60세의 정남을 요역에 동원
통일 신라	생산량의 1/10을 수취 Cf 민정 문서: 청주(서원경) 부근, 촌주가 매년 조사, 3년마다 작성, 인구는 남녀와 연령에 따라 6등급, 가호는 9등급, 토지의 종류와 면적, 가축, 나무를 조사	촌락 단위로 징수	16~60세를 군역·요역에 동원
발해	조, 콩, 보리 등을 수취	특산물을 징수	요역과 군역
고려	비옥도에 따라 3등급, 1/10을 수취, 밭은 논의 수확량의 1/2을 수취	집집(호)마다 토산물 징수, 상공(정기적)과 별공(수시)을 징수	요역과 군역
조선 전기	답험손실법(과전법 기준) 1/10세: 1결 ➡ 30두 ↓ 세종 때 공법 실시 전분 6등법(비옥도) 연분 9등법(풍흉) : 1결 ➡ 4두~20두 Cf 평안도, 함경도, 제주도는 잉류 지역	• 징수 방법: 군현에 품목과 액수 할당 ➡ 마을·호(집)에 할당 ➡ 대체로 전세보다 더 큰 부담 • 16세기에 이르러 대납 및 방납의 폐단이 심화됨 ➡ 농민의 토지 이탈(족징, 인징의 징수) ➡ 수미법(정책 실현 ×)	• 군역: 세조 때 보법의 실시 ➡ 군역의 요역화 ➡ 대립·방군수포 현상 ➡ 중종 때 군적수포제(군포제) 보편화 • 요역: 초기에는 가호 기준 ➡ 성종 때 토지 8결당 1명 동원, 1년에 6일 이내로 징발(안 지켜짐)

조선 후기	[영정법] • 내용: 인조 때 풍흉에 관계없이 전세를 토지 1결당 미곡 4두로 고정, 효종 때 측량하는 자를 통일한 양척동일법(이전에는 수등이척법) 실시 • 결과: 전세율의 감소(지주에게 유리), 여러 명목의 비용이 추가됨 ➡ 농민의 부담 증가	[대동법] • 내용 ➡ 광해군 때 경기도에 처음 시행, 점차 확대되다가 숙종 때 전국으로 확대(잉류 지역 제외) ➡ 토산물 징수를 토지 결수에 따라 쌀, 삼베, 무명, 동전 등으로 납부(1결당 미곡 12두, 공납의 전세화) • 결과 ➡ 농민의 부담 경감 ➡ 공인(관수품을 조달하는 어용상인)의 출현 ➡ 상품 화폐 경제 발달 ➡ 국가의 수입 증가 ➡ 별공과 진상의 잔존	[균역법] • 내용 ➡ 영조 때 농민에게 1년에 군포 1필만 부과 ➡ 감소된 재정은 지주에게 결작(1결당 2두) 징수, 일부 상류층에게는 선무군관포 징수, 어장세·선박세·염세 등의 잡세를 국가 수익으로 개편하는 방식으로 보충 • 결과 ➡ 군포 일시적 경감 ➡ 결작의 소작농 전가, 양반의 증가로 농민의 부담 다시 가중

압축 파일

40 토지 제도

이렇게 공부합시다!

- 녹읍/관료전/식읍/정전의 성격을 구분하고, 제도의 변천 과정을 기억하세요.
- 고려 토지 제도의 변화 과정과 전시과의 종류를 기억하세요.
- 조선 토지 제도의 변화 과정(왕과 연관지어)과 직전법 폐지가 끼친 사회적 영향을 이해하세요.

1 고대의 토지 제도

삼국	• 관리들에게 관직 복무의 대가로 녹읍(수조권 + 노동력 징발권)을 지급 • 국가에 공을 세운 사람에게 일종의 보너스로 식읍(수조권 + 노동력 징발권)을 지급
통일 신라	• 신문왕 : 관료전(수조권만 제공)을 지급하고 녹읍을 폐지, 식읍을 축소 • 성덕왕 : 농민에게 정전(경작권)을 지급 • 경덕왕 : 귀족의 힘이 강해지면서 녹읍이 부활됨 Cf 식읍은 녹읍과 달리 폐지되지 않았고, 고려 시대까지 존속함

2 고려의 토지 제도

1. 전시과의 특징(역분전, 녹과전 제외)

❶ 18등급으로 나누어 전지(농경지)와 시지(임야)를 지급

❷ 양계를 제외한 전국에 지급

❸ 수조권만 지급

역분전 (태조, 940)	• 공신들에게 선행과 공로에 따라 경기 지방에 준 토지 • 무신을 우대 • 측근에게 경제적 기반 제공	
시정 전시과 (경종, 976)	• 관직(사색 공복 기준)과 인품을 반영 • 전·현직 관리에게 지급(현직을 우대) • 한외과(관품에 들지 못한 사람에게 지급) 설치 • 인품에 대한 규정이 모호하여 문제가 생김	전 18 시 18
개정 전시과 (목종, 998)	• 관직만을 고려하여(인품 배제) 전·현직 관리에게 지급 • 군인전과 한인전 설치 • 지급량의 감소	전 18 시 15

경정 전시과 (문종, 1076)	• 현직 관료에게만 지급 • 전체적으로 지급량의 감소(단 무관의 대우는 상승) • 한외과 폐지(전시과 체제에 통합) • 공음전, 한인전, 별사전(승려, 풍수지리), 무산계(호족, 향리, 기술관 등) 전시 등의 설치	전 18 시 14
무신 정변 이후 전시과 체제의 붕괴(대토지 소유제의 확산)		
녹과전 (원종, 1271)	• 신진 관료의 육성을 위해 경기 8현에 지급 • 현직자 위주	

2. 전시과의 종류

과전	관리에게 직역에 대한 대가로 지급
공음전	5품 이상의 관료들에게 지급, 자손에게 세습 가능
한인전	6품 이하 하급 관료의 자제로서 관직에 오르지 못한 사람에게 지급
군인전	군역의 대가로 주는 토지, 군역이 세습됨에 따라 자손에게 세습
외역전	향리나 하급 관리
구분전	하급 관료와 군인의 유가족
내장전	왕실 경비 충당
공해전	관청의 경비
사원전	사원에 지급

3 조선의 토지 제도

1. 과전법(1391)

❶ 전・현직 관료에게 토지 지급, 경기에 국한

❷ 수신전(과부)・휼양전(고아)・공신전 세습

❸ 답험손실법에 근거하여 수조권자가 수확량의 1/10을 수취(1결당 30두), 그중 1/15을 국가에 조세로 납부(1결당 2두)

➡ 땅을 너무 퍼줘서 신진 관리에게 지급할 토지가 부족해짐

2. 직전법(세조, 1466)

❶ 현직 관리에게만 토지 지급, 지급 결수의 감소

❷ 수신전・휼양전의 폐지

➡ 관직에 있을 때 본전을 뽑을 생각에 관리들이 수조권을 남용함

3. 관수 관급제(성종, 1470)

관리가 수조권을 직접 행사하는 것을 막고, 국가가 직접 조를 거두어 수조지에 해당하는 조세를 관리에게 지급

➡ 국가의 토지 지배권은 강화되었으나 양반 관료의 사적인 토지 소유욕을 자극하게 됨

4. 직전법의 폐지(명종, 1556)

수조지 지급을 폐지하고, 현물 녹봉제만 시행

➡ 양반의 토지 소유욕을 더욱 자극하여 지주 전호제가 확산되는 결과를 초래함

4 전시과와 과전법의 비교

전시과	과전법
• 전국 대상(양계는 제외) • 전시+시지 • 농민의 경작권 보장에는 큰 관심이 없음 • 병작반수(지주 전호제)를 인정	• 경기도 대상 • 과전만 지급 • 농민의 경작권을 보장하기 위한 방편으로 실시 • 병작반수(지주 전호제의 원칙적 금지)

공통점	18등급으로 구분하여 지급, 토지 국유제를 원칙으로 하였지만 실제로는 개인 소유지(민전)의 존재

압축 파일

41 농업

이렇게 공부합시다!

시대가 바뀔 때마다 농업 기술의 변화가 어떻게 이루어졌는지를 기억하세요.

1 삼국의 농업

1. 우경의 장려(지증왕), 개간의 권장, 구휼 정책(고국천왕의 진대법)
2. **농기구의 변화** : 돌이나 나무 ➡ 철제 농기구 ➡ 우경의 확대
3. **휴경 농법** : 퇴비 기술이 발전하지 못하여 휴경을 실시

2 통일 신라의 농업

1. **농업 생산력의 성장** : 경주 인구의 증가, 상품 생산의 증가 ➡ 시장의 증가[서시, 남시 추가 설치(효소왕, 695)]
2. 귀족의 수탈과 시비법의 미발달로 농민의 삶은 빈곤

3 발해의 농업

1. **농업** : 기후 조건의 한계로 밭농사 중심, 일부 지역에서는 벼농사, 목축과 수렵 발달
2. **특산물** : 백두산의 토끼, 남해부의 다시마, 책성부의 된장, 부여부의 사슴, 막힐부의 돼지, 솔빈부의 말, 현주의 마포, 옥주의 면포, 용주의 명주, 위성현의 철, 노성의 벼, 미타호의 붕어, 환도의 오얏 등

4 고려의 농업

1. **중농 정책** : 개간 장려, 농번기에 잡역 동원 금지, 농민 안정을 위해 재해 시 세금 감면(문종 때 재면법, 1050), 고리대의 이자 제한, 의창(성종)

2. 각 계층의 경제생활

❶ 귀족 : 막대한 토지, 사패 농장(사패권을 이용하여 토지 겸병 확대), 고리대, 외거 노비의 신공 등으로 호화 생활

❷ 농민 : 진전·황무지 개간, 해안의 저습지와 간척지 개간 등을 이룸

3. 농업 기술의 발달

❶ 소를 이용한 깊이갈이의 일반화, 시비법 발달로 휴경지의 감소

❷ 고려 후기 이암이 원에서 『농상집요』를 들여와 중국 화북 지방 밭농사 중심의 농법 소개

❸ 목화의 전래 : 공민왕 때 문익점이 재배를 시작

5 조선 전기의 농업(중농억상)

1. 농서의 간행

❶ 『농사직설』 : 세종 때 정초 등이 편찬, 우리나라 최초의 농서, 나이 많은 농민들이 실제 경험한 농사법을 종합하여 편찬

❷ 『금양잡록』 : 성종 때 강희맹이 저술한 농서

2. 농업 기술의 개량

❶ 밭농사 : 조·보리·콩의 2년 3작이 널리 행해짐

❷ 논농사 : 남부 지방에 모내기 보급 ➡ 벼와 보리의 이모작 가능

❸ 시비법 발달 : 휴경지의 소멸, 연작이 가능해짐

❹ 목화 재배 확대 : 의생활 개선

6 조선 후기의 농업

1. 지주 전호제의 변화 : 소작인의 저항으로 소작권(경작권) 혹은 도지권 인정, 소작료를 인하하거나 일부 지역에서 정액제(타조법 ➡ 도조법) 추세 발생

2. 농업 기술의 발전

❶ 이앙법 확대 : 벼와 보리의 이모작으로 생산량의 증가, 잡초가 덜 생겨서 김매기 횟수가 감소하여 노동력의 절감

❷ 견종법 보급 : 밭농사에 쟁기가 사용되어 밭고랑에 곡식을 심음

❸ 광작 : 노동력의 절감으로 넓은 토지의 경작이 가능해짐

❹ 상품 작물 재배 : 쌀, 목화, 채소, 담배 등

❺ 농민층의 분화 : 부농과 임노동자 계층의 등장

압축 파일

42 상업과 수공업, 광업

이렇게 공부합시다!

조선 후기 경제사에서 나오는 여러 개념어들의 뜻을 정확히 아는 것이 중요합니다.

1 고대의 상업과 수공업

1. 삼국 시대

❶ 수도를 중심으로 시장(시전)을 형성

❷ 경주에 시사(소지 마립간) 설치, 지증왕 때 시전인 동시와 감독 관청인 동시전을 설치

2. 통일 신라

❶ 영토와 인구의 증가로 상업 규모의 성장

❷ 효소왕 때 경주에 서시와 서시전, 남시와 남시전을 추가로 설치

2 고려의 상업과 수공업

1. 전기

❶ 상업 : 대도시에 시전과 관영 상점 등이 발전

❷ 수공업 : 소 수공업, 관청 수공업 발달

❸ 화폐 : 의천의 건의로 주전도감이 창설되어 활구 등을 생산

2. 후기

❶ 상업 : 역과 원을 중심으로 행상의 활동

❷ 수공업 : 사원 수공업, 민간 수공업 발달

❸ 무역 : 벽란도가 무역항으로 발전

3 조선 전기의 상업

1. 시전

❶ 왕실과 관청에 물품을 공급하는 대신 독점 판매권을 부여

❷ 육의전 : 명주, 종이, 어물, 모시, 삼베, 무명을 파는 점포

❸ 경시서 : 불법적인 상행위 통제(세조 때 평시서로 개칭)

2. 장시

❶ 15세기 후반부터 농업 생산력의 발달에 힘입어 증가
❷ 16세기 중엽에 전국적으로 확대 ➡ 보부상들의 활동

3. 화폐 : 저화(지폐, 태종 때 재발행) 등을 제조 ➡ 유통 부진

4 조선 전기 관영 수공업의 발달

1. 전문적인 기술자를 공장안(工匠案)에 등록시켜 관청에서 필요한 물품 제작

2. 16세기에 들어와 부역제는 쇠퇴(장인가포제의 성행)

5 조선 후기의 상업

1. 공인의 성장

❶ 대동법 실시 이후, 선혜청 등 국가에서 일정 금액(공가)을 받고 필요한 물품을 납품
❷ 대량 거래를 통해 부를 축적하고 일부 공인은 도고(독점적 도매상)로 성장

2. 시전 상인 : 정조 때 육의전을 제외한 시전의 금난전권(독점권)을 폐지(신해통공, 1791) ➡ 한양 도심에 난전이 진출하게 됨

3. 다양한 사상들의 활동(18세기 이후)

❶ 송상(개성): 전국에 지점 설치(송방), 인삼 재배 · 판매, 대외 무역, 만상과 내상 중계, 복식부기 사용
❷ 경강상인 : 한강과 서남 연해안을 오가며 미곡, 소금, 어물 등 거래, 선박 제조, 판매, 서울 마포에 본거지를 둠
❸ 의주(만상 : 대청 무역), 동래(내상 : 대일 무역), 평양(유상)
❹ 포구 상인 : 여각, 객주
❺ 장시의 발달로 일부 지역에서는 상설 시장이 등장하기도 함

6 조선 후기 화폐 유통의 발달

1. **상평통보의 유통(숙종)** : 상공업 발달과 세금 · 지대의 금납화 촉진

2. **전황** : 지주나 대상인들이 화폐를 고리대나 재산 축적에 이용하여 화폐의 유통량 부족 ➡ 이익의 폐전론, 박지원의 용전론

3. 환, 어음 등 신용 화폐 보급

7 조선 후기 민영 수공업의 발달

1. **배경** : 도시 인구 급증, 대동법 실시, 공장안의 완전 폐기(정조)

2. **민영 수공업의 형태**
   ❶ 장인세만 부담하고 비교적 자유롭게 생산 활동에 종사(납포장)
   ❷ 점(店) : 민간 수공업자의 작업장(철점, 사기점 등)
   ❸ 선대제 : 공인이나 상인들에게 자금과 원료를 미리 받아서 제품을 생산 ➡ 수공업자가 상업 자본에 예속, 자본주의의 맹아 단계
   ❹ 독립 수공업의 등장 : 독자적으로 제품을 생산하고 직접 판매

8 민영 광산의 증가

1. 초기(정부 독점) ➡ 부역제의 해이 ➡ 17세기 정부의 감독 아래 민간인이 광물을 채굴(설점수세제) ➡ 18세기 후반(영조, 1775)에 민간이 자유롭게 채굴하고 수령에게 조세를 납부(수령수세제)

2. 은광(청에게 수출)과 금광 개발, 몰래 광산을 운영하는 잠채 성행

3. **덕대의 활약** : 경영 전문가인 덕대가 상인 물주에게 자본을 조달받아 노동자 등을 고용하여 광물 채굴 ➡ 자본주의의 맹아

압축 파일

43 무역

이렇게 공부합시다!

- 다른 무엇보다, 조선 후기의 무역이 중요합니다.
- 중국, 일본 등과 우리의 무역 품목은 조선 후기를 제외하곤 어느 시대나 거의 비슷합니다.

1 고대의 무역

1. 통일 신라
   ❶ 당과의 무역 : 당의 해안 지방에 신라방과 신라소, 신라관, 신라원 등을 설치
   ❷ 이슬람 상인이 울산항까지 와서 무역, 당항성과 청해진도 무역항의 기능을 함
   ❸ 장보고 : 완도에 청해진을 설치(흥덕왕, 828), 해적을 소탕하고 무역권을 장악, 산둥반도에 법화원을 건립, 일본 승려 엔닌과 교류
   ❹ 일본과의 무역 : 8세기 이후 활성화

2. 발해 : 모피·인삼·불상·자기 등 수출, 비단·책 등 수입
   ❶ 당 : 산둥반도의 덩저우에 발해관(발해 사신 숙소) 설치
   ❷ 일본 : 외교 관계를 중시하여 무역을 전개(일본도)
   ❸ 신라 : 신라도

2 고려의 무역

1. 대송 무역 : 종이·먹·인삼 등 수공업품과 토산물 수출, 비단·약재·서적 등 왕실과 귀족의 수요품 수입

2. 거란과 여진 : 은을 가지고 와서 농기구, 식량, 문방구 등과 교환

3. 일본 : 수은, 유황 등을 가지고 와서 인삼, 서적 등과 교환

4. 아라비아 상인(대식국인) : 고려가 서방 세계에 알려짐

5. 벽란도(예성강 하구) : 국제적인 무역항

3 조선 전기의 무역

1. 명

❶ 사신들이 왕래할 때 하는 공무역 중심

❷ 제한된 사무역 허용

❸ 종이 · 인삼 · 화문석 등 수출, 비단 · 서적 · 약재 · 도자기 등 수입

2. 여진

❶ 국경 지역에 설치한 무역소를 통하여 교역

❷ 서울에 여진 사신을 위한 북평관을 설치

3. 일본 : 동래 왜관을 중심으로 무역(쓰시마섬이 중계 역할)

4 조선 후기의 무역

1. 청

❶ 의주의 만상 ➡ 중강(의주)개시 · 후시, 책문(봉황)후시, 회령개시, 경원개시, 회동관후시, 북관후시 등

Cf 개시 : 공무역, 후시 : 사무역(밀무역)

❷ 은 · 종이 · 무명 · 인삼 등 수출, 비단 · 약재 · 문방구 등 수입

2. 대일 무역

❶ 동래의 내상 ➡ 왜관 개시, 후시

❷ 인삼 · 쌀 · 무명 등 수출, 은 · 구리 · 황 · 후추 등 수입

3. 송상 : 만상과 내상을 중계 무역

4. 은의 길 : 일본의 은과 조선의 인삼, 청의 비단이 에도~한양~베이징을 거쳐서 이루어지는 무역 루트로 17세기에 활성화 됨

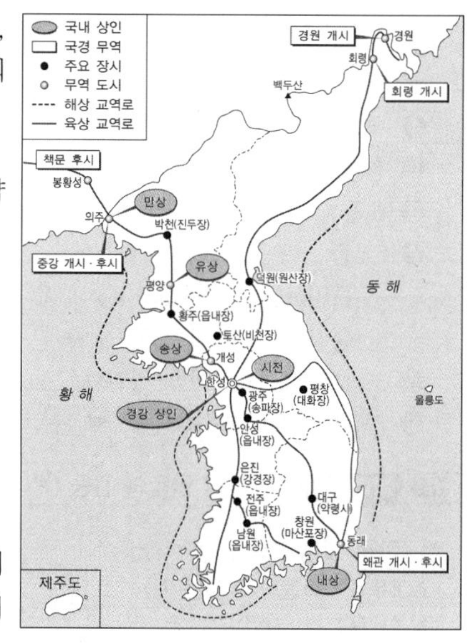

◆ 조선 후기 상인의 활동과 무역

압축
파일

44 고대~고려의 신분 제도

이렇게 공부합시다!

신라의 골품제, 고려의 중류층 등을 주의 깊게 파악해야 합니다.

1 초기 국가, 고구려와 백제의 신분 제도

1. **초기 국가** : 족장(가) 호민, 하호, 천민으로 구성

2. **고구려와 백제의 신분 제도** : 귀족, 평민, 노비 등으로 구성

2 신라의 신분 제도

1. 삼국 중 지배층의 서열을 가장 엄격히 매김

2. **골품제**

❶ 특징 : 개인의 사회 활동과 정치 활동의 범위까지 제한, 중위제를 운용(4중아찬, 9중나마)

❷ 성골 : 진덕 여왕까지 존재

❸ 진골 : 김씨, 박씨, 가야계 김씨, 안승 가문 등

❹ 6두품 : 득난이라 불림

㉠ 통일 신라 전기(중대): 왕의 측근

㉡ 통일 신라 후기(하대): 호족과 결탁

❺ 3~1두품 : 통일 이후 평민화, '성'은 유지

❻ 경위(17관등), 외위(11관등) ➡ 통일 과정에서 외위제 소멸

자료 살펴보기 | 신라의 골품과 관등 · 관직표

① 진골: 이벌찬까지 승진 가능
② 6두품: 아찬까지 승진 가능
③ 5두품: 대나마까지 승진 가능
④ 4두품: 대사까지로 승진 한계
⑤ 3~1두품: 의미 상실, 평민과 동등

등급	관등명	진골	6두품	5두품	4두품	복색	중시·령	시랑·경	도독	사신	군태수	현령
1	이벌찬					자색						
2	이 찬											
3	잡 찬											
4	파진찬											
5	대아찬											
6	아 찬					비색						
7	일길찬											
8	사 찬											
9	급벌찬											
10	대나마					청색						
11	나 마											
12	대 사					황색						
13	사 지											
14	길 사											
15	대 오											
16	소 오											
17	조 위											

3 발해의 신분 제도

1. **지배층** : 고구려계 귀족과 일부 말갈계

2. **피지배층** : 주로 말갈계

4 고려의 신분 제도

1. 귀족

❶ 특징 : 왕족, 5품 이상의 고위 관료 ➡ 음서, 공음전의 혜택을 받는 특권층

❷ 변천 : 호족·6두품의 일부가 중기에 문벌 귀족이 되어 기득권을 독점, 무신 정변 이후 무신 귀족이 가세, 원 간섭기부터는 권문세족

2. 중류층

❶ 특징 : 지배층과 피지배층 사이에서 지배 기구의 말단 행정직으로 존재, 직역이 세습되면서 그에 상응하는 토지를 국가로부터 받음

❷ 종류 : 잡류(중앙 관청의 말단 서리), 남반(궁중 실무), 군반(직업 군인), 기술관, 역리(지방의 역을 관리), 향리(일반 중류층보다 지위가 높음) 등

3. 양민

❶ 백정 농민 : 법적으로 과거 응시 자격, 전지를 받는 군인으로 선발 가능, 조세, 공납, 역을 부과

❷ 상인, 수공업자

❸ 향·부곡(농업에 종사), 소(수공업이나 광업), 신량역천(어부, 제염업, 목축업, 광부, 봉화 관리 등)

4. 천민(대부분 노비)

❶ 노비의 특징 : 재산으로 간주되어 엄격히 관리 ➡ 매매, 증여, 상속 등으로 주인에게 예속

❷ 노비의 종류 : 공노비(국가나 관청에 소속된 노비), 사노비인 솔거 노비(주인집에 함께 거주)와 외거 노비(주인과 따로 살면서 농업에 종사하고 신공을 바침, 토지 소유 가능)

❸ 일천즉천제가 적용됨(조선 전기까지)

❹ 기타 천민 : 양수척(떠돌이), 화척(도축업), 재인(광대), 기생

압축 파일

45 조선의 신분 제도

이렇게 공부합시다!

- 중인과 서얼에 대해 잘 알아두세요.
- 조선 후기 신분 제도의 변화 양상을 기억하세요.

1 양천 제도와 반상 제도

1. **양천 제도** : 갑오개혁(1894) 이전까지 조선의 법적인 신분제
   ❶ 양인 : 과거에 응시할 수 있는 자유민, 조세·국역 등의 의무
   ❷ 천민 : 비자유민, 개인이나 국가에 소속되어 천역 담당

2. **반상 제도** : 양반과 상민을 구분하는 조선의 사회적 신분제

2 양반

1. **의미** : 문·무반을 아울러 부르는 명칭 ➡ 그 가족, 가문까지 확대

2. **특권** : 고위 관직을 독점한 관료층, 지주층, 국역의 면제

3 중인(위항인)

1. **형성** : 15세기부터 형성 ➡ 조선 후기에 독립된 신분층 형성

2. **의미**
   ❶ 넓은 의미 : 양반과 상민의 중간 계층(기술관+향리 등)
   ❷ 좁은 의미 : 기술관(의, 역, 율 등)

3. **서얼** : 중인과 같은 신분적 처우를 받았으므로 중서라고 불림

4. **제약**
   ❶ 법적으로 문과 응시가 가능하나(단, 서얼은 안됨) 실제로는 어려움
   ❷ 간혹 무반직에 등용되기도 하였으나 청요직(3사, 전랑직) 임용은 사실상 금지

4 상민(평민, 양민)

1. **과거 자격** : 법적으로 과거 응시 가능하나 실제로는 매우 어려움

2. **종류**
   ❶ 농민, 수공업자, 상인 등
   ❷ 신량역천(身良役賤) : 신분은 양인이지만 천역에 종사 ➡ 수군, 봉수군, 조졸(조운 업무) 등의 칠반천역

5 천민

1. **종류** : 노비, 백정, 무당, 창기, 광대 등

2. **노비**
   ❶ 재산으로 취급되어 매매, 상속, 증여
   ❷ 일천즉천제
   ❸ 공노비(유외잡직 가능)와 사노비(솔거 노비와 외거 노비)

6 조선 후기 신분제의 동요

1. **양반층의 분화** : 권력을 장악한 일부 양반(권반), 향촌에서 지주 신분을 유지한 향반, 몰락 양반인 잔반으로 분화

2. **신분 이동 활발** : 양반 수 증가와 상민·노비 수 감소 ➡ 양반 중심의 신분 체제 동요

7 중간 계층의 신분 상승 운동

1. **서얼**
   ❶ 변화 : 임진왜란 이후 완화 ➡ 영조 때 서얼 차별 폐지령이 내려짐(실제 청요직 진출이 이루어지는 경우는 별로 없었음) ➡ 정조 때 유득공, 이덕무, 박제가 등이 규장각 검서관으로 등용됨
   ❷ 신해허통(1851, 철종): 서얼 차별 철폐 ➡ 청요직 진출 허용

2. **기술직 중인** : 서얼의 신분 상승 운동에 자극 ➡ 철종 때 대규모의 소청 운동 ➡ 실패

8 노비제의 붕괴

1. 납속, 공명첩, 노비 속량·도망, 호패나 족보 위조 등으로 노비 신분에서 해방되는 경우가 많아짐

2. 노비종모법 확정(영조, 1731) ➡ 공노비 해방(순조, 1801) ➡ 노비 세습제 폐지(1886) ➡ 노비제 완전 폐지(갑오개혁, 1894)

압축
파일

46 고대~고려의 사회 구조와 풍습

이렇게 공부합시다!

- 신라의 화랑도와 고려의 향도를 이해하세요.
- 고려 여성의 지위, 그리고 고려의 사회 시책들을 기억하세요.

1 삼국의 사회 구조

1. 고구려

❶ 상무적 기풍, 엄격한 법률
❷ 1책 12법, 형사취수제, 서옥제

2. 백제

❶ 언어 · 풍속 · 의복은 고구려와 유사
❷ 지배층 : 왕족인 부여씨와 8성의 귀족
❸ 도둑질 2배, 뇌물 · 횡령 3배, 간음한 여자는 남편의 노비로 삼음

3. 신라[화랑도(=국선도=원화도=선랑도=풍류도=풍월도)]

❶ 화랑(귀족 자제 중에서 1명을 선발)과 낭도(교사 역할을 하는 승려 낭도 1인과 수많은 일반 낭도)
❷ 원광법사의 세속 5계 : 마음가짐과 행동의 규범 제시
❸ 계층 간의 대립과 갈등을 조절 · 완화, 인재 양성

2 고려의 향도

1. **전기(매향)** : 향나무를 바닷가에 묻었다가, 이를 통하여 미륵을 만나 구원받고자 하는 염원
   ➡ 불상, 석탑, 절을 지을 때 주도적 역할

2. **후기** : 마을 노역, 혼례와 상장례, 마을 제사 등 공동체 생활을 주도하는 농민 조직으로 발전

3 고려의 사회 시책

1. **의창**: 평시에 곡물을 비치하였다가 흉년에 빈민 구제(태조가 실시한 흑창을 성종 때 의창으로 개편)

2. **상평창**: 성종 때 개경과 서경 및 12목에 설치 ➡ 물가 조절

3. **기타**: 동·서 대비원(진료 및 빈민 구휼), 혜민국(예종, 의약), 구제도감(예종)·구급도감(고종, 재해 대비 임시 기관), 제위보(광종, 빈민 구제 기금), 광학보(승려 장학) 등

4 고려의 법률과 풍속: 당률에 기반을 둠, 대부분의 경우는 관습법

1. **형벌**
   ❶ 반역죄, 불효죄는 중죄로 처벌
   ❷ 귀양형 ➡ 휴가나 집행유예도 있었음
   ❸ 형벌의 종류: 태·장·도·유·사
   ❹ 귀향형: 귀족에서 향리로 격하하는 형벌

2. **장례와 제사**: 정부는 유교적 규범을 장려 ➡ 대개 토착 신앙과 융합된 불교·도교 의식을 치름

5 고려 여성의 지위와 가족 제도

1. **혼인**: 일부일처제가 일반적, 처가살이(남귀여가혼)

2. **여성의 지위**: 가정 내 지위가 남성과 거의 대등
   ❶ 유산 상속: 자녀에게 골고루 분배
   ❷ 호적: 태어난 차례대로 기재, 사위가 처가의 호적에 입적하여 처가에서 생활하는 경우 빈번
   ❸ 제사: 아들이 없을 경우 딸이 제사
   ❹ 음서 혜택: 사위와 외손자 포함, 장인과 장모도 포상
   ❺ 재혼: 여성의 재가는 비교적 자유롭게 이루어졌고, 그 소생 자식의 사회적 진출에도 차별 없음

압축
파일

47 조선 전기의 사회 구조와 풍습

이렇게 공부합시다!

서원과 향약의 특징을 잘 알아두세요.

1 사회 제도

1. 토지 겸병 억제, 농민의 토지 이탈 방지를 위한 조세 감면

2. **환곡제** : 의창, 상평창, 사창을 통합

3. **의료 시설**
   ❶ 혜민국(서울 서민 구휼·치료), 제생원(지방민의 구호) ➡ 세조 때 혜민서로 통일
   ❷ 태조 때 동·서대비원(서민 환자 구제) ➡ 태종 때 동·서 활인원(여행자, 유랑자의 수용과 구휼) ➡ 세종 때 동·서활인서

2 법률 제도(『경국대전』 체제)

1. **형법** : 『경국대전』이 우선, 세부적인 것은 대명률 적용
   ❶ 반역죄와 강상죄를 엄중 처벌 ➡ 연좌제(부모, 형제, 처자까지 함께 처벌), 심한 경우 범죄 발생 고을의 호칭 강등
   ❷ 형벌 : 태·장·도·유·사

2. **민법(관습법)** : 초기에는 노비 소송, 나중에는 산송이 주류

3. **상속** : 종법 적용, 조상에 대한 제사와 노비 상속 중시

4. **사법 기관** : 행정 기관과 명확히 구분되지 않음
   ❶ 사헌부, 의금부 : 관리의 잘못이나 중대한 사건 재판
   ❷ 형조 : 일반 사건의 재심
   ❸ 장례원 : 노비에 관련된 문제를 처리, 형조에 소속

5. **상소 제도**
   ❶ 재판에 불만이 있을 경우 다른 관청이나 상부 관청에 소송 제기
   ❷ 신문고나 징을 쳐서 임금에게 직접 호소(흔한 경우는 아님)

3 향촌 사회의 모습

1. **향촌의 개념** : 향(부 · 목 · 군 · 현, 지방관 파견), 촌(면 · 리, 지방관 X)

2. **향촌 자치**

❶ 유향소(지방 자치 기구)와 경재소(유향소 통제와 연락 기능)

❷ 유향소(향청): 경재소 혁파(선조, 1603)로 향청으로 호칭 변경

➡ 향안(사족의 명단), 향회(총회), 향규(운영 규칙), 청금록(명단)

3. **성리학 질서의 확산**

❶ 가묘와 사당의 건립

❷ 족보 : 16세기부터 족보 편찬이 활발해짐

㉠ 최초의 족보는 문화 류씨 영락보(세종, 1423), 현존 최고는 안동 권씨 성화보(성종, 1476), 왕실의 족보로 선원록 등이 존재

㉡ 16세기까지는 남녀 구분 없이 출생순대로 기록하고, 여성의 재혼 사실도 기록하였으나, 17세기 이후 부계 친족원만을 기록하는 '씨족보'의 성격이 두드러짐

❸ 예학의 발달 : 김장생, 정구

4 서원과 향약

1. **서원**

❶ 목적 : 선현의 제사 + 학문 연구 + 사림의 근거지

❷ 기능 : 유교 윤리를 보급하고 사림을 결집, 강화

2. **향약** : 서원과 함께 사림의 세력 기반

❶ 중종 때 김안국이 소개한 이후, 조광조 · 이황 · 이이 등의 노력으로 확산

❷ 구성과 이념 : 전통적 미풍양속 + 유교 윤리 ➡ 덕업상권, 과실상규, 예속상교, 환난상휼

❸ 기능 : 향촌 사회의 질서 유지와 치안 담당

❹ 부작용 : 토호 · 향반이 주민들을 위협 · 수탈하는 배경

5 촌락의 농민 공동체 : 향도, 두레 등이 유지됨

압축
파일

48 조선 후기 사회 구조의 변화

이렇게 공부합시다!

- 조선 후기에 이루어진 다양한 사회 변화(특히 여성과 가족 제도, 향촌)를 파악하세요.
- 천주교 박해의 과정과 동학의 교리 등을 이해하세요.

1 향촌 사회의 변화

1. **향전** : 기존의 지방 사족(**구향**)과 부농과 같은 새로운 세력(**신향**) 사이의 대립 구도

2. **관권의 강화** : 수령과 향리의 권한이 강화된 반면에 이들을 견제할 지방 사족의 힘은 약화되어 수탈이 늘어남

3. **지방 사족의 자구책** : 동계와 동약 등의 실시, 서원과 사우의 남설, 반촌과 민촌의 구분을 통해 자신들의 지위를 유지하려 함

2 가족 제도와 여성

1. **가족 제도**

   ❶ 상속에서 장자를 우대(제사도 장자가 주관)

   ❷ 남귀여가혼 대신 친영 제도가 보편화 됨

   ❸ 아들이 없는 경우 같은 가문에서 양자를 입양

2. **여성의 지위** : 재혼이 불가능해지는 등 완전히 하락

3 예언 사상의 유행

기후 이변, 이양선의 출몰, 수탈의 증가 등으로 『정감록』, 미륵 신앙 같은 것들이 유행

4 천주교

1. **전래의 특징**: 17세기 서학으로 소개 ➡ 18세기 후반 남인 계열 일부 실학자들이 신앙으로 수용

2. **박해의 원인**: 성리학적 질서의 거부

3. **정부의 대응**
   ❶ 정조: 시파 집권(천주교에 비교적 관대) ➡ 큰 탄압이 없었음
   ❷ 진산 사건(정조, 1791): 제사를 거부한 윤지충을 사형시킴
   ❸ 신유박해(순조, 1801): 벽파가 집권하자 이승훈·정약종 등을 처형하고 정약용 등을 유배 보내어 시파를 탄압
   ❹ 황사영 백서 사건(순조, 1801): 신유박해를 막아달라며 베이징 주교에게 군사 동원을 요청한 백서
   ❺ 기해박해(헌종, 1839): 풍양 조씨(벽파), 프랑스 신부들 처형
   ❻ 병오박해(헌종, 1846): 풍양 조씨(벽파), 김대건 신부 처형
   ❼ 병인박해(대원군, 1866): 최대 규모의 박해

5 동학

1. **최제우의 동학 창시(1860)**: 유·불·선의 주요 내용 + 고유 신앙
   ❶ 시천주, 인내천·사인여천 사상: 인간 평등
   ❷ 보국안민: 사회 모순 극복, 외세 침략 방어
   ❸ 주술과 부적을 중시 ➡ 불로장생을 추구
   ❹ 후천개벽: 혁명의 도래를 예언

2. **탄압**: 혹세무민의 죄로 최제우를 처형

3. **2대 교주 최시형**: 『동경대전』과 『용담유사』를 발간하고 교단 조직의 정비(포·접제)를 통해 급속도로 확산

압축
파일

49 불교

이렇게 공부합시다!

- 교종과 선종의 교리와 특징을 구분하세요.
- 스님들의 행적을 알아두는 것이 제일 중요합니다.

1 삼국의 불교

1. 주요 승려와 종파, 사회적 역할

❶ 주요 승려와 종파

㉠ 고구려 : 승랑, 보덕, 혜자(쇼토쿠 태자의 스승), 담징(일본에 유교, 불경, 종이, 먹 전파)

㉡ 백제 : 겸익, 관륵, 노리사치계(일본에 불상, 불경 전파)

㉢ 신라 : 이차돈, 원광(6두품, 열반종, 걸사표, 세속 오계), 자장(진골, 대국통, 계율종, 황룡사 9층 목탑), 혜량

❷ 역할 : 사상 통합, 왕즉불 사상, 업설, 호국 불교

2. 신라의 불교

❶ 왕권과 밀착되어 성행

❷ 왕이 곧 부처라는 사상을 통하여 왕의 권위 강화

➡ 불교식 왕명, 전륜성왕(진흥왕), 진종 설화(진평왕)

❸ 미륵불 신앙은 화랑 제도와 밀접한 관련을 가지면서 정착

➡ 화랑을 '미륵', 낭도를 '용화향도(미륵을 따르는 무리)'라고 함

2 남북국 시대의 불교

1. 통일 신라

❶ 원효(617~686, 6두품)

㉠ 저서 : 『대승기신론소』와 『금강삼매경론』, 『십문화쟁론』 등을 저술

㉡ 일심 사상을 바탕으로 사상적 대립을 조화시키고자 노력

㉢ 불교 대중화 : 극락에 가고자 하는 아미타 신앙 전파

㉣ 무애 사상 : 자유 정신의 강조, 쉬운 노래(무애가)를 만들어 전파함

❷ 의상(625~702, 진골)

㉠ 화엄 사상 정립 : 「화엄일승법계도」 저술(일즉다 다즉일)

➡ 모든 존재는 의존적인 관계에 있으면서 조화를 이루고 있음

➡ 왕권 강화에 도움이 되어 문무왕의 지원을 받음

㉡ 부석사와 낙산사를 비롯한 여러 사원들을 건립

㉢ 아미타 신앙과 함께 관음 신앙을 전개

❸ 혜초 : 『왕오천축국전』(8세기 초, 인도와 중앙아시아 여행기)

❹ 원측 : 문무왕 때 당에 유학하여 유식 불교를 연구

❺ 김교각 : 지장보살의 화신이 됨

❻ 진표 : 김제 금산사에서 활동

2. **발해** : 왕실과 귀족 중심, 문왕은 스스로를 전륜성왕으로 칭함

3 교종과 선종

1. 교종과 선종의 비교

교종	선종
중대	하대
5교	9산
불경과 의식 중시, 왕실·귀족 중심	실천 수행(참선) 강조, 개인주의적 성격
전제 왕권 강화, 조형 미술 발달	호족의 이념적 기반, 승탑(부도)과 탑비

2. 선종

❶ 통일 전후에 전래 ➡ 신라 말기에 기반 확대(남종선 중심)

㉠ 남종선 : 도의선사(821년 귀국, 남종선 전파)

㉡ 북종선(신라 중대에 들어왔으나 큰 의미는 없음)

❷ 실천적 경향 : 문자를 뛰어넘어(불립문자) 구체적인 실천 수행을 통한 깨달음 ➡ 호족의 이념적 지주가 됨

❸ 9산 선문 : 호족들과 결합하여 각 지방에 근거지 확보

4 고려 초기의 불교

1. **태조**: 훈요 10조에서 숭불 정책을 강조

2. **광종**: 귀법사 건립, 승과 제도 실시 ➡ 국사와 왕사 제도, 균여(보현십원가, 화엄종을 중심으로 교종의 통합을 시도), 제관(천태사교의), 의통(천태종)

3. **성종**: 유교 사상을 강조하여 연등회, 팔관회 일시 폐지 ➡ 현종 때 부활

5 고려 중기의 불교(불교계 통합 노력)

1. **대각국사 의천(1055~1101)**
   ❶ 화엄종 중심의 교종 통합(근거지-흥왕사) ➡ 천태종을 창시하여 선종까지 통합 시도(국청사 창건)
   ❷ 사상: 이론의 연마와 실천을 함께 강조하는 내외겸전, 교관겸수를 제창
   ❸ 저서: 『천태사교의주』, 『신편제종교장총록』, 『원종문류』, 『석원사림』
   ❹ 불교 폐단 시정책 미비 ➡ 의천 사후 교단 분열
   ❺ 화폐 발행 주도, 교장(불경 인쇄)

6 고려 후기의 불교

1. **보조국사 지눌(1158~1210)**
   ❶ 수선사 결사(순천 송광사): 승려 본연의 자세로 돌아가 독경, 참선, 노동에 힘쓰자는 개혁 운동
   ❷ 무신 정권의 후원으로 조계종 성립
   ❸ 정혜쌍수(선을 중심으로 교학을 포용), 돈오점수(단번에 깨닫고 꾸준히 실천)

2. **진각국사 혜심(1178~1234)**: 유불일치설을 주장하며 심성 도야를 강조 ➡ 성리학 수용의 사상적 토대 마련

3. **원묘국사 요세(1163~1235)**: 자신의 행동을 진정으로 참회하는 법화 신앙에 중점, 백련결사를 창립하여 수선사와 양립, 강진 만덕사 중심(천태종 계열)

4. **원 간섭기 이후 불교의 부패**: 원 간섭기에 개혁 운동의 의지가 퇴색하고 귀족 세력과 연결 ➡ 막대한 토지 소유, 상업에 관여 ➡ 원증국사 보우(1301~1382)가 불교 개혁을 위해 임제종을 개창하고 9산 선문의 통합을 시도 ➡ 실패

7 조선의 불교

1. 억불 정책

❶ 사원 소유의 토지와 노비 회수 : 집권 세력의 경제적 기반 강화

❷ 도첩제 실시 : 승려의 출가 제한

❸ 태종 : 242개의 사찰만 남기고 사원의 토지를 몰수

❹ 세종 : 선종과 교종 두 종파에 36개 절만 인정

2. 명맥 유지

❶ 신앙 욕구 : 왕실의 안녕을 기원하고 명복을 비는 행사 시행

❷ 세조의 불교 진흥책 : 간경도감 설치 ➡ 불교 경전을 한글로 번역하여 간행(『월인석보』) 하고 보급, 원각사지 10층 석탑 건립(탑골 공원)

❸ 성종 때 산간 불교화 : 도첩제 폐지(아예 승려가 되는 것을 허락하지 않음), 산간 불교화

❹ 명종 때의 부흥 : 문정 왕후의 지원 ➡ 보우 중용, 승과 부활

❺ 위상 재정립 : 서산대사(휴정), 사명대사(유정) 같은 고승이 배출되어 교리를 정리, 임진왜란 때 승병들의 활약

압축 파일

50 고대~고려의 유교와 교육

이렇게 공부합시다!

- 고대 » 주요 유학자들의 활동을 기억하세요.
- 고려 » 중기의 관학 진흥책을 왕별로 구분해서 기억하세요.

1 고대의 유교

1. 유교 교육

❶ 고구려
㉠ 태학 : 소수림왕, 중앙의 유교 교육 기관
㉡ 경당 : 장수왕, 사립 교육 기관, 유학과 무술 교육

❷ 백제 : 5경박사와 의박사, 역박사 ➡ 유교 경전과 기술학 교육

❸ 신라 : 임신서기석 ➡ 화랑들의 유교 경전 학습

❹ 통일 신라
㉠ 신문왕 때 국학 설립 ➡ 경덕왕 때 태학으로 개칭 ➡ 혜공왕 때 다시 국학으로 환원
㉡ 독서삼품과(원성왕, 788)
ⓐ 유교 경전의 이해 수준을 시험하여 관리 채용 ➡ 대사(12관등), 조위(17관등)
ⓑ 논어 · 효경이 필수 과목
ⓒ 골품 제도 때문에 한계가 있었으나 유학 보급에 이바지

❺ 발해 : 주자감 ➡ 귀족 자제들에게 유교 경전 학습

2. 통일 신라의 유학자들

❶ 김대문 : 『화랑세기』, 『고승전』, 『한산기』 등을 저술

❷ 신라 중대의 6두품 유학자들 : 도덕적 합리주의를 내세움
㉠ 강수 : 무열왕 · 문무왕 때 활약, 외교 문서에 능함, 불교를 세외교(세속을 벗어난 종교)라고 비판
㉡ 설총 : 이두 정리, 신문왕에게 화왕계(임금도 향락을 멀리하고 도덕을 엄격하게 지킬 것을 강조)를 바침

❸ 최치원(신라 말기에 활약-진성 여왕)
㉠ 당에서 빈공과에 급제하고 문장가로 이름을 떨침(토황소격문)
㉡ 개혁안 10여 조 건의 ➡ 거부되자 은둔하며 저술 활동(사륙집, 제왕연대력, 계원필경, 사산비명, 중산복궤집, 난랑비서문)에 전념
㉢ 유학자이면서 불교와 도교에도 조예가 깊음(대부분의 고대 유학자들의 공통점)

3. **발해**: 당에 유학생 파견, 빈공과에 급제

2 고려 초기~중기의 유학

1. 특징

❶ 자주적이고 주체적
❷ 사장 위주: 경학보다 사장(문학)에 치중
❸ 유·불 융합: 유교 – 치국의 도, 불교 – 수신의 도

2. 각 시기의 유학

❶ 초기
㉠ 태조: 신라 6두품 계통 ➡ 최언위, 최응, 최지몽 등
㉡ 광종: 과거 제도 실시
㉢ 성종: 최승로의 시무 28조 개혁안 ➡ 자주적이고 주체적인 유교 정치 사상의 정립, 국자감의 정비, 문신월과법

❷ 중기
㉠ 성격: 시문을 중시하는 귀족 취향, 유교의 철학화와 보수화
㉡ 최충(문종): 해동공자 칭송, 관직에서 물러난 후 9재 학당(문헌공도)을 설립
㉢ 김부식(인종): 보수적·현실적 유학을 대표

❸ 무신 정변 후: 문벌 귀족 세력의 몰락으로 한동안 위축

3 고려의 유학 교육 기관

1. 국자감(국립 대학)

❶ 유학부와 기술학부로 나뉨
❷ 유학부는 7품 이상 관리의 자제가 주로 입학
❸ 개경에 왕립 도서관인 비서성을 설치

2. **향교(지방)**: 지방 관리와 서민의 자제 교육

3. **사학의 융성(중기)**: 최충의 문헌공도(9재 학당)를 비롯한 사학 12도의 융성 ➡ 국자감의 관학 교육 위축

4. 관학 진흥책

❶ 숙종 : 국자감에 서적포 설치 ➡ 서적 간행
❷ 예종 : 국자감 재정비 ➡ 전문 강좌(국학 7재), 양현고(장학 재단), 도서관 겸 학문 연구소인 청연각과 보문각 설치
❸ 인종 : 경사 6학 정비, 유학 교육 강화
❹ 충렬왕 : 섬학전(교육 재단) 설치, 국자감(국학)을 성균감으로 개칭, 문묘(대성전 : 공자 사당) 건립, 경사교수도감(경학과 사학을 장려) 설치
❺ 충선왕 : 성균감을 성균관으로 개칭
❻ 공민왕 : 성균관을 순수 유교 교육 기관으로 개편

4 고려 후기 성리학의 전래

1. **성격** : 남송의 주희가 집대성한 인간의 심성과 우주의 원리 문제를 철학적으로 탐구하는 신유학

2. **전래** : 충렬왕 때 안향(불교를 오랑캐의 종교라고 비판, 『회헌실기』 저술)이 『주자전서』를 처음 소개 ➡ 충선왕 때 이제현은 원의 수도에 설립된 만권당에서 원의 학자들과 교류 ➡ 귀국 후 이색 등에게 영향 ➡ 공민왕 때 이색은 성균관에서 정몽주, 권근, 정도전 등을 가르쳐 신진 사대부를 육성

3. 영향

❶ 신진 사대부들이 개혁 사상으로서 성리학을 수용
❷ 실천적 기능 강조 ➡ 『소학』(유학 입문서)과 『주자가례』(가정 예의집)를 중시, 권문세족과 불교의 폐단을 비판(정도전의 『불씨잡변』)

압축 파일

51 조선의 유교와 교육

이렇게 공부합시다!

- 주요 유학자들의 사상과 저서를 기억하세요.
- 성균관, 향교, 서원 등을 잘 구분해서 이해하세요.

1 조선 전기의 성리학

1. 초기

❶ 정도전 : 『불씨잡변』으로 불교 비판

❷ 권근 : 『입학도설』, 『오경천문록』 등을 저술

2. 성향 : 주례 체제를 지향(중앙 집권과 부국강병을 강조)

3. 주자 성리학의 발달

❶ 중종 때 『주자대전』이 간행되고 보급되면서 주자학이 성리학의 주류로 발달

❷ 16세기에 이르러 사림들에 의해 성리학에 대한 이해가 심화됨

2 16세기의 성리학자들

1. **서경덕(1489~1546)** : 주기론(主氣論), 태허(太虛)설, 불교와 노장 사상에 대해서 개방적, 송도(개성) 삼절, 양명학 연구

2. **이언적(1491~1553)** : 주리론(主理論)

3. **조식(1501~1572)** : 학문의 실천성(절의) 강조, 노장 사상에 포용적, 칼을 차고 잠

4. **이황(1501~1570)**

❶ 이언적의 철학 발전, 주리론 확립(이원론적)

❷ 이기호발설을 통해 이의 자발성 주장

❸ 『주자서절요』, 『성학십도』(군주의 수양 강조), 『이학통론』, 『전습록논변』(양명학 비판) 등을 편찬

❹ 기대승과 4단 7정 논쟁 전개

❺ 영남학파를 형성(유성룡, 김성일 ➡ 동인 중 남인)

❻ 조선과 일본의 성리학 발전에 기여

5. **성혼(1535~1598)** : 기대승 · 이이 · 이황의 학설을 절충

6. **이이(1536~1584)**

❶ 기의 역할을 강조하는 일원론적 성격(기발이승일도설)

❷ **이통기국론** : 이의 본질적 가치는 불변하지만 구체적 모습은 변한다는 주장, 적극적인 사회 경장(개혁)을 중시

❸ 『동호문답』, 『성학집요』(신권 강조), 『만언봉사』, 『격몽요결』, 『기자실기』 등을 편찬

❹ 기호학파를 형성(김장생 ➡ 서인 중 노론)

3 교육 기관

1. 국립

❶ 성균관

㉠ 위상 : 최고 학부, 입학 자격은 생원 · 진사를 원칙으로 함

㉡ 시설 : 명륜당(강의실), 문묘(공자 사당), 동재 · 서재(기숙사), 비천당(과거 시험장), 존경각(도서관) 등

㉢ 특권 : 정책 거부권(권당, 소행, 공관 등), 알성시

❷ 사학(四學) : 중앙의 중등 교육 기관, 부학(중학 · 동학 · 남학 · 서학 : 100명), 성균관 진학 시험(승보시)

❸ 향교

㉠ 지방의 중등 교육 기관, 부(90명) · 목(70명) · 군(50명) · 현(30명)에 하나씩 설립, 중앙에서 교관인 교수 혹은 훈도 파견, 소학 · 사서오경 등 유학 경전 공부

㉡ 청금록(향교의 명부), 대성전(공자의 위판을 봉안)

2. 사립

❶ 서당 : 초등 교육 담당(『천자문』 · 『동몽선습』)

❷ 서원

㉠ 풍기 군수 주세붕이 세운 백운동 서원(1543)이 시초 ➡ 이황의 건의로 최초의 사액 서원으로 소수 서원이라 개칭(1548)

㉡ 봄 · 가을에 향음주례를 거행하고 인재를 양성

4 조선 후기의 성리학

1. **문묘종사 문제** : 이황, 이이 등의 유학자들을 성균관에 문묘배향 하는 것을 놓고 일어난 붕당 간의 논쟁

2. **주자 성리학의 상대화** : 윤휴와 박세당 ➡ 6경과 제자백가에서 사회 모순 해결의 사상적 기반을 모색
   ❶ 윤휴(1617~1680): 유교 경전에 대하여 주자와 다른 독자적 해석, 숙종 초 북벌론을 주도, 경신환국으로 숙청(남인)
   ❷ 박세당(1629~1703): 양명학과 노장 사상의 영향을 받아 주자의 학설 비판, 『신주도덕경』·『사변록』 저술, 소론
   ❸ 서인(노론)의 공격을 받아 사문난적으로 몰려 죽음

3. **서인(노론)**
   ❶ 의리 명분론의 강화, 주자 성리학의 절대화(교조화)를 추구
   ❷ 송시열(1607~1689): 성리학의 절대화를 주도함

4. **호락논쟁(18세기) – 송시열 사후의 논쟁**
   ❶ 호론 : 충청 노론 중심의 인간과 사물의 본성이 다르다는 주장, 인물성이론 ➡ 위정척사, 화이론으로 발전
   ❷ 낙론 : 서울 노론 중심의 인간과 사물의 본성이 같다는 주장, 인물성동론 ➡ 북학파 실학과 최한기 등의 개화사상으로 발전

5 양명학

1. **특징** : 성리학을 비판, 지행합일의 실천성을 강조

2. **수용** : 중종 때 왕수인(왕양명)의 『전습록』이 전래됨 ➡ 서경덕 학파와 종친들 사이에서 확산 ➡ 17세기 후반 박세당 등의 소론 학자들이 본격적으로 연구 ➡ 정제두가 학문적 체계를 수립(강화학파)

3. **강화학파**
   ❶ 정제두(1649~1736): 일반민을 도덕 실천의 주체로 상정, 양반 신분제 폐지 주장
   ❷ 저서 : 『변퇴계전습록변』
   ❸ 소론의 가학으로 계승
   ❹ 구한말 박은식(유교구신론), 정인보 등이 계승

압축 파일

52 실학

이렇게 공부합시다!

실학자들의 주장, 저서 등을 각각 이해하고 기억하세요.

1 배경

1. 조선 후기의 사회 모순을 극복하기 위한 방안으로 대두

2. 선구자

❶ 이수광(1563~1628): 『지봉유설』 저술, 문화 인식의 폭 확대

❷ 한백겸(1552~1615): 『동국지리지』 저술, 6경의 독자적 해석

2 농업 중심의 개혁 사상[경세치용(經世致用) 학파], 18세기 전반

1. **출신** : 경기 남인

2. **특징** : 각종 제도의 개혁 추구(이황의 학풍+서경덕의 학풍) ➡ 농민 생활의 안정을 위한 토지 제도의 개혁을 가장 중시

3. 대표적 학자

❶ 유형원(1622~1673) : 『반계수록』

㉠ 균전론(『반계수록』): 공유제를 바탕으로 토지를 신분에 따라 차등하게 재분배

㉡ 농병일치의 군사 제도, 사농일치의 교육 제도, 토지에 역을 부과, 양반문벌 · 과거 · 노비제 비판

❷ 이익(1681~1763): 『성호사설』, 『곽우록』

㉠ 한전론 : 점진적인 토지 소유의 평등화(영업전 : 매매 금지)

㉡ 나라를 좀 먹는 6가지 폐단 : 노비제, 과거제, 양반문벌, 기교, 승려, 게으름

㉢ 붕당제 비판, 과거제 축소, 전랑권 폐지, 천거제 확대, 사창제 실시, 폐전론, 천문학 연구, 실증적이고 주체적 역사 인식 등

❸ 정약용(1762~1836): 실학의 집대성

㉠ 여전론 : 마을 단위의 토지 공동 소유, 경작, 분배(노동량) ➡ 정전제(토지를 9등분하여 분배)로 변경

㉡ 백성의 의사가 반영될 수 있는 정치 제도의 개선 방안 모색

㉢ 과학 기술과 상공업 발달에 관심(기예론, 거중기, 배다리 설계)

ⓔ 저서 : 『목민심서』(지방 행정 개혁), 『경세유표』(중앙 행정 개혁), 『마과회통』(의서), 『흠흠신서』(사법 제도 개혁), 『아방강역고』(역사 지리서), 『민보의』(병서), 『아언각비』(속어 정리), 『오학론』(붕당 비판), 『여유당전서』(총서), 애절양(한시) 등

ⓜ 탕론과 원목에서 민본적 정치를 주장(서양의 사회계약설과 비슷함)

ⓑ 호포제 주장

3 상공업 중심의 개혁 사상[이용후생(利用厚生) 학파], 18세기 후반

1. **출신** : 서울 노론(단, 유수원은 소론 출신)

2. **특징** : 상공업 진흥과 기술 혁신, 청나라 문물을 수용하여 부국강병과 이용후생에 힘쓰자고 주장하여 이용후생 학파 또는 북학파라고 불림(이이의 학풍을 계승)

3. **대표적 학자**

❶ 유수원(1694~1755): 『우서』

㉠ 상공업의 진흥과 기술의 혁신 주장 ➡ 대규모 상업 자본의 형성(단, 독과점은 국가에서 통제)

㉡ 사농공상의 직업 평등과 전문화 주장

㉢ 토지 제도의 개혁보다 농업의 상업적 경영과 기술 혁신 주장

㉣ 세과사라는 상세 징수 기관의 설치를 주장

❷ 홍대용(1731~1783): 『담헌서』, 『임하경륜』(사회 개혁), 『의산문답』(과학, 사회 개혁), 『주해수용』(수학)

㉠ 기술 혁신과 문벌 제도 철폐, 성리학의 극복이 부국강병의 근본임을 강조

㉡ 중국이 세계의 중심이라는 생각 비판(지전설, 무한우주론)

㉢ 균전제(정남에게 2결), 농병일치제

㉣ 농수각 : 사설 천문대(혼천의, 서양식 시계 - 후종)

❸ 박지원(1737~1805): 『열하일기』, 『과농소초』(농서), 한문 소설

㉠ 상공업 진흥, 수레와 선박의 이용, 화폐 유통의 필요성 주장

㉡ 양반 문벌 제도의 비생산성 비판

㉢ 영농 방법 혁신, 상업적 농업 장려, 수리 시설의 확충에 관심, 한전론(토지 소유의 상한선) 주장

❹ 박제가(1750~1805): 『북학의』

㉠ 상공업 발달, 청과의 통상 강화, 수레와 선박의 이용 등 역설

㉡ 생산을 자극하기 위해서 절약보다 소비를 권장해야 한다고 주장(우물물에 비유)

㉢ 정약용과 함께 종두법 연구

❺ 최한기(1803~1877): 『명남루총서』(주기론 경험주의 ➡ 상업 국가), 『지구전요』(과학 서적)

4. **19세기 개화사상으로 계승**

압축 파일

53 도교, 풍수지리, 전통 사상

이렇게 공부합시다!

이 주제는 통합형 문제로 많이 출제됩니다.

1 도교

1. 고대의 도교(귀족들에게 유행)

❶ 백제

㉠ 산수무늬 벽돌 : 자연과 더불어 살고자 하는 생각을 표현

㉡ 금동 대향로 : 신선들이 사는 이상 세계를 형상으로 표현

㉢ 사택지적비 : 은퇴한 관리인 사택지적이 건립한 비석

❷ 고구려

㉠ 사신도 : 도교의 방위신, 사후 세계를 지켜 주리라는 믿음 표현

㉡ 연개소문 : 반대파 귀족을 견제하기 위해 불교를 탄압하고 도교를 장려

❸ 신라 : 화랑도의 명칭을 국선도·풍류도라고 칭함

❹ 남북국

㉠ 통일 신라 : 12지 신상, 최치원의 4산비명

㉡ 발해 : 정효 공주 묘

2. 고려의 도교

❶ 특징 : 불로장생과 현세의 구복을 추구

❷ 도교 행사

㉠ 궁중에서 하늘에 제사 지내는 초제 성행(태조 때 구요당 건립)

㉡ 예종 때 도교 사원(복원궁) 건립 ➡ 도교 행사 개최

❸ 팔관회 : 도교와 민간 신앙 및 불교가 어우러진 행사

❹ 한계 : 일관된 체계와 교단이 없어 민간 신앙으로만 전개

3. 조선의 도교

❶ 성리학의 발전으로 상대적으로 위축, 행사의 감소

❷ 초제의 시행 : 소격서를 설치하고 마니산 참성단에서 일월성신에 제사 ➡ 국가의 권위 제고

❸ 중종 때 조광조의 건의로 소격서 폐지, 제천 행사 중단

2 풍수지리설

1. 고대의 풍수지리설

❶ 도입 : 신라 말기 도선과 같은 선종 승려들
❷ 성격 : 산세와 수세를 살펴 도읍, 주택, 묘지 등을 선정하는 인문 지리적 학설
❸ 경주 중심의 지리 개념에서 벗어나 다른 지방의 중요성을 자각하는 계기 마련

2. 고려의 풍수지리설

❶ 서경 길지설 : 서경 천도와 북진 정책 추진의 이론적 근거
❷ 남경 길지설 : 문종 때 북진 정책의 퇴조와 함께 한양 명당설 대두 ➡ 남경으로 승격하고 궁궐 조성
❸ 『해동비록』 : 풍수리지서의 각종 비록 모음(예종)

3 조선의 풍수지리설과 민간 신앙, 국조 신앙

1. 풍수지리설 : 한양 천도에 반영, 양반 사대부의 묘지 선정에 작용(산송)

2. 민간 신앙 : 세시풍속과 유교 이념의 결합이 나타남

3. 국조 신앙

❶ 삼성사(황해도 구월산): 환인 · 환웅 · 단군의 삼신에게 제사
❷ 단군 사당 : 단군과 기자의 사당을 평양에 건립, 중국 사신이 참배하게 함

압축 파일

54 고분, 탑, 불상

이렇게 공부합시다!

- 고분과 불상은 유형별 특징을 구분하세요.
- 탑을 건설한 왕이 유명하면 꼭 연관지어서 기억하세요.

1 고분

1. 고구려

❶ 국내성 초기 : 돌무지무덤 ➡ 태왕릉, 장군총(계단식)

❷ 국내성 후기 이후 : 굴식 돌방무덤 ➡ 널방의 벽과 천장에는 벽화를 그리기도 함, 모줄임 천장, 강서대묘 · 무용총 · 안악 3호분 등

❸ 고분 벽화 : 초기에는 일상생활, 후기에는 사신도 같은 그림

2. 백제

❶ 초기(한성): 계단식 돌무지무덤 ➡ 석촌동 고분군(고구려 영향)

❷ 웅진 : 송산리 고분군 ➡ 굴식 돌방무덤, 벽돌무덤(무령왕릉)

❸ 사비 : 능산리 고분군 ➡ 굴식 돌방무덤(금동 대향로)

3. 신라

❶ 통일 이전

㉠ 돌무지덧널무덤 : 천마총 · 호우총 · 황남대총 · 서봉총 · 금관총 등, 도굴이 어려워 껴묻거리가 풍부하지만 벽화는 없음

㉡ 통일 직전부터 굴식 돌방무덤을 축조

❷ 통일 신라 : 화장(불교의 영향) 유행, 둘레돌과 12지신상

4. 발해

❶ 정혜 공주 묘(굴식 돌방무덤): 모줄임 천장 구조 ➡ 고구려 고분 양식, 돌사자상 출토, 4 · 6 변려체의 묘지석, 육정산 고분군(돈화현)

❷ 정효 공주 묘(벽돌무덤): 묘지와 벽화, 4 · 6 변려체의 묘지석, 용두산 고분군(허룽현), 모줄임 천장

2 탑

1. 삼국 시대의 탑

❶ 고구려 : 주로 목탑 건립 ➡ 남아 있는 것은 없음

❷ 백제 : 익산 미륵사지 석탑(목탑의 모습), 부여 정림사지 5층 석탑(평제탑, 미륵사지 석탑을 계승)

❸ 신라 : 황룡사 9층 목탑, 분황사 모전 석탑(벽돌 모양의 석탑)

2. 통일 신라의 석탑

❶ 이중 기단 위에 3층으로 쌓는 전형적인 통일 신라의 석탑 : 감은사지 3층 석탑(신문왕, 장중 · 웅대), 불국사 3층 석탑(경덕왕, 석가탑, 전형적인 통일 신라의 석탑), 양양 진전사지 3층 석탑(신라 하대, 기단과 탑신에 불상을 부조)

❷ 승탑 : 선종과 연관, 쌍봉사 철감선사 승탑(팔각 원당형)

3. 발해의 탑 : 영광탑(벽돌탑)

4. 고려의 탑

❶ 특징 : 다각 다층탑이 많고 안정감은 부족하나 자연스러운 모습

❷ 종류

㉠ 오대산 월정사 8각 9층 석탑(고려 중기, 평창, 송나라의 영향), 경천사지 10층 석탑(원 간섭기, 조선 시대 원각사지 10층탑의 원형)

㉡ 승탑 : 고달사지 승탑(팔각 원당형), 지광국사 현묘탑(독자적)

3 불상

1. 고대 : 연가 7년명 금동 여래 입상(고구려), 서산 마애 여래 삼존상(백제), 배동 석조 여래 삼존 입상(신라), 미륵보살 반가 사유상(일본에 영향), 석굴암 본존불과 보살상(통일 신라), 이불병좌상(발해)

2. 고려 : 균형을 이루지 못하여 조형미가 다소 부족

❶ 신라 양식 : 부석사 소조 아미타여래 좌상(석굴암을 모방)

❷ 철불 : 초기에 유행, 광주 춘궁리(하남 하사창동) 철불 등

❸ 지역 특색이 잘 드러난 거대한 불상 : 논산 관촉사 석조 미륵보살 입상, 안동 이천동 석불

◆ 장군총(돌무지무덤)

◆ 무용총 접객도(굴식 돌방무덤)

◆ 안악 3호분 벽화

◆ 석촌동 고분(돌무지무덤)

◆ 무령왕릉(벽돌무덤)

◆ 미륵사지 석탑

◆ 정림사지 5층 석탑

◆ 분황사 모전 석탑

◆ 감은사지 3층 석탑

◆ 불국사 3층 석탑

◆ 진전사지 3층 석탑

◆ 쌍봉사 철감선사 승탑

◆ 개성 불일사 5층 석탑

◆ 월정사 8각 9층 석탑

◆ 경천사지 10층 석탑

◆ 원각사지 10층 석탑 (조선)

◆ 고달사지 승탑

◆ 법천사 지광국사 현묘탑

◆ 연가 7년명 금동 여래 입상

◆ 서산 마애 삼존 불상

◆ 경주 배리 석불 입상

◆ 금동 미륵보살 반가 사유상

◆ 부석사 소조 아미타 여래 좌상

◆ 광주 춘궁리(하남 하사창동) 철불

◆ 관촉사 석조 미륵보살 입상

압축 파일

55 다양한 예술

이렇게 공부합시다!

시대별로 간단히 기억만 잘하시면 됩니다.

1 고대의 서예와 그림

1. **글씨** : 광개토 대왕릉 비문, 김생(신라의 독자적 서체)

2. **그림** : 천마도, 솔거의 화엄경 변상도

2 고려의 서예와 그림

1. **서예**
   ❶ 전기 : 왕희지체와 구양순체
   ❷ 후기 : 송설체(조맹부체), 최우(신품 4현)

2. **그림** : 도화원, 화국 설치, 이영·이광필 부자, 공민왕(천산대렵도), 혜허(관음보살도)

3 조선 전기의 서예와 그림

1. **서예** : 15세기의 안평대군(송설체), 16세기의 한호(석봉체)

2. **15세기의 그림** : 중국의 화풍을 소화하여 독자적 화풍 ➡ 일본 무로마치 시대의 미술에 영향
   ❶ 도화서 화원 : 안견의 '몽유도원도'
   ❷ 문인화 : 강희안의 '고사관수도'(화초 재배서인 『양화소록』도 저술)

3. **16세기의 그림** : 산수화, 사군자도, 신사임당의 '초충도'(풀과 벌레), 이상좌의 '송하보월도'

◆ 몽유도원도(안견)

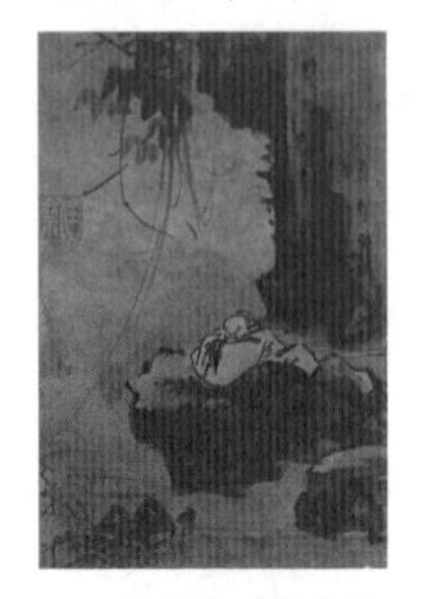

◆ 고사관수도(강희안)

4 조선 후기의 서예와 그림

1. **서예** : 18세기의 이광사(동국진체), 19세기의 김정희(추사체)

2. **진경산수화(18세기)**
   ❶ 중국의 남종화·북종화 화법을 고루 수용하여 우리의 고유한 자연과 풍속에 맞춘 새로운 화법 창안 – 조선 중화주의의 영향
   ❷ 정선(18세기) : '금강전도'(1731)와 '인왕제색도'(1751)

3. **풍속화(18세기 후반)**
   ❶ 김홍도 : 밭갈이, 추수, 씨름, 서당 등(의궤도도 제작)
   ❷ 신윤복 : 양반들과 부녀자들의 생활과 유흥 등을 묘사

4. **서양 화법의 도입(18세기 후반)**
   ❶ 강세황 : 서양식 원근법과 명암법 도입, '영통골입구도'

5. **문인화와 화원화(19세기)**
   ❶ 김정희 : 전통적 문인화의 복원, '세한도'
   ❷ 장승업 : 강렬한 필법과 서양식 유화 기법, '군마도'

6. **민화** : 소원을 기원하고 생활 공간을 장식

◆ 인왕제색도(정선)

◆ 무동(김홍도)

◆ 단오풍정(신윤복)

◆ 영통골입구도(강세황)

◆ 세한도(김정희)

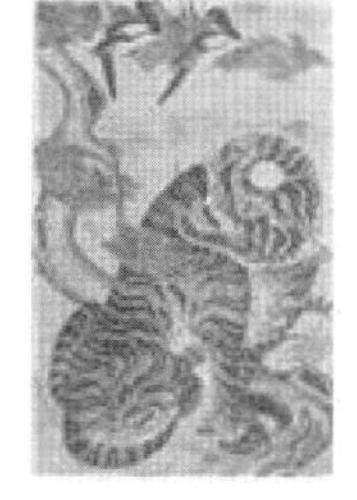
◆ 민화(까치와 호랑이)

5 고대, 고려의 음악

1. 고대의 음악과 무용

❶ 고구려 무용총 벽화, 화랑들도 노래와 춤을 즐김

❷ 신라 백결 선생, 고구려 왕산악의 거문고, 가야 우륵의 가야금

2. 고려의 음악 : 향악(속악), 아악(궁중 음악으로 크게 발전)

6 조선의 음악과 공연 예술

1. 음악 : 백성의 교화 수단, 국가의 각종 의례와 관련하여 중시

❶ 세종 : 악기의 제작(박연), 여민락, 정간보(악보) 창안, 아악

❷ 성종 : 『악학궤범』(성현) 편찬

2. 조선 후기의 음악과 공연 예술

❶ 흥선 대원군 집권기에 신재효가 판소리를 정리

❷ 탈춤, 산대놀이의 발전 : 하회마을, 봉산, 북청, 양주 등

7 고대의 건축과 공예

1. 삼국 시대의 건축

❶ 황룡사 : 진흥왕이 건축 ➡ 9층 목탑(선덕 여왕, 7세기) ➡ 몽골 침입 때 소실

❷ 미륵사(익산) : 중앙에 거대한 목탑, 동·서에 석탑, 7세기 무왕이 추진한 백제의 중흥 반영

2. 통일 신라의 건축 : 불국사(경덕왕), 석굴암(인공 석굴, 경덕왕), 안압지(인공 연못, 문무왕, 674)

3. 발해의 건축 : 상경성(당의 장안성을 모방, 주작대로)

4. 공예

❶ 통일 신라 : 상원사 종, 성덕 대왕 신종, 법주사 쌍사자 석등

❷ 발해 : 도자기(당나라에 수출), 석등(웅장한 크기)

8 고려의 건축과 공예

1. 건축

❶ 13세기 이후의 주심포 건물 : 안동 봉정사 극락전(공민왕, 맞배지붕, 배흘림기둥, 현존 최고의 건물), 영주 부석사 무량수전(우왕, 팔작지붕, 배흘림기둥), 예산 수덕사 대웅전(맞배지붕, 배흘림기둥)

❷ 다포식 건물 : 성불사 응진전 등 ➡ 조선 시대 건축에 영향

2. 자기 공예

❶ 11세기에 독자적인 경지를 개척

❷ 순 청자(문벌 귀족 시기) ➡ 상감청자(무신 정권기) ➡ 원 간섭기에 쇠퇴

3. 은입사 기술, 나전칠기 발달

9 조선의 건축

1. 15세기 : 궁궐, 관아, 성문, 학교 건물 중심

❶ 궁궐 : 경복궁, 창덕궁(돈화문), 창경궁(명정전), 종묘, 사직단

❷ 사원 : 강진 무위사 극락전(주심포 양식, 맞배지붕), 해인사 장경판전(합천, 세조, 팔만대장경 보관, 유네스코 문화유산), 원각사지 10층 석탑(세조, 경천사지 10층탑 모방)

2. 16세기 : 서원 건축 활발

3. 17세기(다층 사원) : 금산사 미륵전(3층), 화엄사 각황전(2층), 법주사 팔상전(5층) ➡ 불교의 사회적 지위 향상과 양반 지주층의 경제적 성장 반영

4. 18세기 : 논산 쌍계사, 부안 개암사, 안성 석남사 등 부농과 상인의 지원을 받아 그들의 근거지에 장식성이 강한 사원을 건축

10 조선의 도자기

1. 전기의 도자기

❶ 분청사기(15세기) : 청자에 백토의 분을 칠한 것 ➡ 소박하고 천진스러운 무늬, 경기도 광주가 주요 생산지, 왕실과 귀족의 수요품

❷ 순백자(16세기) : 선비들의 취향과 어울려 널리 이용

2. 후기의 도자기 : 순백자와 함께 청화 백자가 널리 유행

압축 파일

56 문학

이렇게 공부합시다!

시기별 문학을 기억하시면 되지만, 유명한 인물이 만든 작품은 반드시 인물과 연관지어 기억하세요.

1 고대의 한문학과 향가, 민중 문학

1. 한문학과 향가

❶ 한시 : 황조가(고구려 유리왕), 오언시(을지문덕), 다듬이 소리(발해 양태사)

❷ 향가 : 향찰로 쓰여진 작품(도솔가 · 제망매가, 안민가 · 찬기파랑가, 모죽지랑가), 진성 여왕 때 『삼대목』 저술(현존 ×), 『삼국유사』에 14수, 『균여전』에 11수가 전해짐

2. 민중 문학과 설화

❶ 민중 문학 : 구지가(금관가야 설화), 회소곡(신라), 정읍사(백제)

❷ 설화 : 에밀레종, 설씨녀, 효녀 지은 등

2 고려의 문학

1. **문학** : 국순전(임춘), 파한집(이인로), 동국이상국집(이규보), 가전체 문학(국순전 · 국선생전, 죽부인전 등), 보한집(최자)

2. **경기체가** : 한림별곡, 관동별곡 ➡ 신진 사대부가 주도

3. **패관 문학** : 이규보의 백운소설, 이제현의 역옹패설

4. **고려가요** : 청산별곡, 쌍화점, 가시리

3 조선 전기의 문학

1. 15세기

❶ 악장 : 용비어천가(정인지), 월인천강지곡(세종)
❷ 시조 문학 : 유교적 충절(길재, 원천석), 애국적(김종서, 남이)
❸ 『동문선』(성종, 1478): 서거정이 삼국~조선 초까지의 문학을 정리
❹ 설화 문학 : 필원잡기 · 동인시화(서거정), 용재총화(성현) 등
❺ 금오신화(김시습): 최초의 한문 소설

2. 16세기

❶ 시조 : 사랑(황진이), 자연과의 삶(윤선도 : 오우가, 어부사시사)
❷ 가사 : 정철(관동별곡, 사미인곡, 속미인곡)
❸ 기타 : 어숙권(패관잡기), 신사임당, 허난설헌

4 조선 후기 문학의 전개

1. 한글 소설

❶ 허균(1569~1618)의 「홍길동전」
❷ 「춘향전」, 「사씨남정기」, 「구운몽」, 「장화홍련전」, 「콩쥐팥쥐」 등

2. 사설 시조

❶ 남녀 간의 사랑이나 현실에 대한 비판
❷ 청구영언(김천택), 해동가요, 가곡원류 등

3. 한문학

❶ 정약용 : 삼정의 문란을 폭로하는 한시(「애절양」)
❷ 박지원
　㉠ 「양반전」, 「허생전」, 「호질」, 「민옹전」 등의 한문 소설
　㉡ 문체 혁신 : 현실적인 문체로 혁신할 것을 주장(패관소품체, 독창적이고 사실적인 문장 구사) vs 정조의 문체반정(고문으로의 복귀를 추구)

4. 위항 문학

❶ 특징 : 위항인이 전개한 문학을 통한 신분 상승 운동
❷ 작품 : 『청구영언』, 『해동유주』, 『규사』, 『연조귀감』 등
❸ 시사 : 위항인의 시모임 ➡ 낙하시사, 옥계시사 등

5. 풍자시인 : 김삿갓, 정수동 ➡ 민중과 어우러져 활동

57 고대 문화의 해외 전파

이렇게 공부합시다!

인물들의 이름만 기억하면 됩니다.

1 삼국 문화의 일본 전파

야마토 조정 성립, 나라 지방의 아스카 문화(7세기) 형성에 영향

1. 백제

❶ 근초고왕 시기 : 아직기(4세기, 한자), 왕인(천자문과 논어), 칠지도

❷ 성왕 시기 : 노리사치계(6세기, 불경과 불상)

❸ 5경 박사, 의박사, 역박사, 천문박사, 채약사, 화가와 공예 기술자들 활약 ➡ 목탑, 백제 가람(절) 양식

❹ 기타 : 단양이 · 고안무(무령왕), 아좌태자(위덕왕), 관륵(무왕)

2. 고구려

❶ 담징(영양왕): 7세기 초 종이와 먹의 제조 방법 전수, 호류사 벽화

❷ 혜자(영양왕): 쇼토쿠 태자의 스승

❸ 기타 : 혜관(영류왕), 도현(보장왕), 다카마쓰 고분 벽화가 수산리 고분 벽화와 흡사

3. 신라 : 배 만드는 기술, 제방 쌓는 기술(한인의 연못)

4. 가야 : 스에키 토기

5. 통일 신라 : 심상의 화엄종 전파, 하쿠호 문화(7~8세기)에 기여

2 서역과의 교류

1. 중앙아시아 아프라시아브 궁전 벽화에 고구려 사신이 나옴

2. 신라 고분에서 서역에서 생산된 유리 그릇 등이 출토됨

압축 파일

58 고대~고려의 역사서와 각종 저술

이렇게 공부합시다!

특히 역사서들을 잘 파악해 두셔야 합니다.

1 고대의 역사 편찬

1. **목적** : 자기 나라의 전통 이해, 왕실의 권위 고양, 충성심 확보

2. **고구려** : 『유기』 ➡ 영양왕 때 이문진이 이를 간추려 『신집』 5권 편찬

3. **백제** : 『서기』(근초고왕 때 고흥)

4. **신라** : 『국사』(진흥왕 때 거칠부)

2 고려의 역사서

1. 건국 초기

❶ 구삼국사 : 고구려 계승 의식, 기전체 서술

❷ 고려왕조실록 : 거란의 침입으로 소실

❸ 7대 실록(편년체, 태조~목종) 편찬 ➡ 임진왜란 때 소실

2. 중기

❶ 삼국사기(김부식, 1145) : 기전체, 현존하는 최고(最古)의 역사서, 유교적 합리주의 사관(신화·설화 배제), 신라 계승 의식 반영

3. **후기** : 민족적 자주 의식을 바탕으로 저술

❶ 동명왕편(이규보, 1193): 고구려 건국의 영웅인 동명왕의 업적을 칭송한 영웅 서사시, 고구려 계승 의식

❷ 해동고승전(각훈, 1215): 교종 입장에서 정리한 삼국 시대의 승려 30여 명의 전기, 일부만 전함

❸ 삼국유사(일연, 1281): 불교사를 중심으로 고대의 민간 설화나 전래 기록, 단군 신화 수록, 선종 중심의 신라 중심 사관

❹ 제왕운기(이승휴, 1287): 우리나라의 역사를 단군으로부터 서술, 우리 역사를 중국사와 대등하게 파악

4. 성리학적 유교 사관 대두 : 정통 의식과 대의명분 강조

❶ 사략(이제현, 공민왕) : 사론만 전함

사료 탐구하기Q

『삼국사기』를 올리는 글

엎드려 생각하옵건대 성상 폐하께서는 중국 요임금의 넓은 덕과 총명함을 타고 나시고 우임금의 부지런함과 검소함을 체득하시어, 나랏일로 바쁘신 와중에도 틈틈이 옛 일을 두루 살펴보시고 이르시기를, "오늘날의 학사(學士)와 대부(大夫)가 5경(五經)・제자(諸子)의 책이나 진(秦)・한(漢) 역대의 역사에 대해서는 혹 널리 통하여 자세히 설명하는 자가 있으나, 우리나라의 일에 대해서는 도리어 아득하여 그 처음과 끝을 알지 못하니 매우 한탄스러운 일이다. …… 또 삼국에 관한 옛 기록은 문체가 거칠고 졸렬하며 빠진 부분이 많으므로, 군왕(君王)의 선악(善惡)과 신하들의 충성스러움과 간사함, 국가의 평안함과 위태로움, 백성의 다스려짐과 어지러움을 모두 밝혀서 후세에 권장하거나 경계할 바를 보이지 못하고 있다. 그러므로 마땅히 삼장(三長)을 갖춘 인재를 구하여 일관된 역사를 완성하고 만대에 물려주어 해와 별처럼 빛나도록 해야 하겠다."라고 하셨습니다. 『고려사』

『동명왕편』

동명왕의 일은 변화가 신비스러운 것으로 여러 사람의 눈을 현혹한 것이 아니고 실로 나라를 창시한 신기한 사적이다. 이것을 기술하지 않으면 후인들이 장차 어떻게 볼 것인가? 그러므로 시를 지어 기록하여 우리나라가 본래 성인(聖人)의 나라라는 것을 천하에 알리고자 하는 것이다.

『삼국유사』

제왕이 장차 일어날 때는 부명(符命)과 도록(圖籙)을 받게 되므로 반드시 남보다 다른 일이 있었다. 그래야만 능히 큰 변화를 타고 대업을 이룰 수 있는 것이다. …… 그러니 삼국의 시조가 모두 신비하고 기이한 일을 연유하여 태어났다는 것을 어찌 괴이하다 할 수 있겠는가. 이것이 기이(紀異)로써 이 책의 앞머리를 삼은 까닭이다.

『제왕운기』

신이 지은 이 책을 정성스럽게 두 권으로 만들어 바칩니다. …… 옛날부터 지금에 이르기까지 임금에서 임금으로 전한 역사를 드디어 완성하였습니다. 중국은 반고로부터 금나라까지이고, 우리나라는 단군으로부터 본조(고려)까지 이온데, 나라가 시작된 근원부터 참고 자료를 널리 탐색하여 흥망성쇠의 같고 다름을 비교하여 매우 중요한 점을 간추려 운(韻)을 넣어 읊고 거기에 비평의 글을 덧붙였나이다.

압축 파일

59 조선 전기 역사서와 각종 저술

이렇게 공부합시다!

15세기와 16세기의 저서들을 구분해서 기억하세요.

1 역사서

1. **15세기 역사서** : 성리학적 명분론 + 민족적 자주 의식(단군 중시)

제목	시기	편찬자	형식
고려국사(1396)	태조	정도전	편년체
조선왕조실록	왕 사후	춘추관 실록청	편년체
고려사(1451)	문종	김종서 정인지	기전체 139권
고려사절요(1452)	문종	김종서 정인지	편년체 35권
동국통감(1485)	성종	서거정	편년체

2. **16세기 역사서** : 사림의 존화주의적 경향

제목	시기	편찬자
동국사략	16세기 초	박상
표제음주동국사략	중종	유희령
동몽선습	중종	박세무
기자실기(1580)	선조	이이

3. **실록**

❶ 태조실록~철종실록, 춘추필법에 따라 편년체로 편찬(25대)

❷ 왕의 사후에 춘추관에 실록청 설치 ➡ 사초(왕과 신하의 논의), 시정기(각 관청의 문서), 승정원일기, 의정부등록, 비변사등록 등의 자료를 모아 편년체로 간행

❸ 4부를 만들어 춘추관, 전주, 성주, 충주 사고에 보관 ➡ 임진왜란 이후 광해군 때 재인본하여 춘추관, 오대산, 태백산, 마니산(정족산), 묘향산(적상산)에 사고 새로 설치

❹ 초조(초고) ➡ 중초(1차 수정) ➡ 정초(확정)

❺ 1997년 유네스코 세계 기록 유산 등재(마니산본)

2 지리서

1. 지도

❶ 혼일강리역대국도지도(태종) : 남아 있는 세계 지도 중 동양에서 가장 오래된 것(일본에 있음)

❷ 기타 : 팔도도(세종), 동국지도(세조), 팔도총도(성종), 조선방역지도(명종)

2. 지리지 : 신찬팔도지리지(세종), 해동제국기(성종, 신숙주, 일본에 대한 정보), 동국여지승람(성종), 신증동국여지승람(중종)

3 윤리 · 의례서와 법전의 편찬

1. 윤리 · 의례서 : 유교적 질서 확립 목적

❶ 삼강행실도(세종, 1428): 충신, 효자, 열녀 등의 행적을 그림으로 설명

❷ 국조오례의(성종): 국가의 여러 행사에 필요한 의례 정비

❸ 16세기 : 『이륜행실도』, 『동몽수지』를 간행

2. 법전 : 유교적 통치 규범 성문화(成文化)

❶ 조선 초기 : 『조선경국전』과 『경제문감』(정도전), 『경제육전』(조준, 이두 · 방언을 사용), 『속육전』(태종), 『육전등록』(세종)

❷ 『경국대전』 : 세조~성종, 조선의 기본 법전(6전으로 구성)

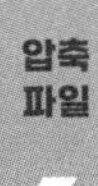

압축 파일

60 조선 후기 역사서와 다양한 저술

이렇게 공부합시다!

여기 있는 것만 정확하게 기억하시면 다 맞습니다.

1 역사서

1. **배경**: 실학의 발달과 함께 민족의 전통과 현실에 대한 관심 고조

2. **17세기 사서**: 『휘찬여사』(홍여하, 남인), 『여사제강』(유계, 서인)

3. **18세기 이후**: 민족의식 고취+전통문화 자부심

제목	시기	편찬자	내용 및 형식
이익 (1681~1763)			• 역사의 동력을 '시세-행불행-시비'의 순서로 파악 • 실증적 · 비판적 역사 서술 제시 • 안정복, 정약용 등에게 영향
동사강목 (1778)	정조	안정복	• 편년 · 강목체 • 실증적 역사 연구를 집대성 • 삼한정통론에 입각한 조선 후기 대표적 통사 • 정확한 고증을 거쳐 엮은 통사
연려실기술 (1776년 이전)	영조	이긍익	• 기사본말체 • 조선 시대 정치 · 문화를 야사 중심으로 사건 경과에 따라 정리
발해고 (1784)	정조	유득공	• 불완전 기전체 • 발해, 신라를 남북국의 형세로 파악
열조통기 (1800)	순조	안정복	
동사(東史) (1803)	순조	이종휘	• 기전체 • 만주 중심 역사관(반도 중심 역사관 탈피) • 발해고와 맥락이 같은 역사서
해동역사 (1814, 1823)	순조	한치윤	• 기전체 • 중국, 일본 등 외국 사서 500여 종 인용 • 발해를 삼국과 대등하게 서술
금석과안록 (1852)	철종	김정희	북한산비가 진흥왕 순수비임을 밝힘

4. 중인들의 역사서

제목	시기	편찬자	내용 및 형식
호산외기 (1844)	헌종	조희룡	
연조귀감 (1848)	헌종	이진흥	향리들의 신분상 지위 변화를 개진하려는 의도로 간행
고문비략 (1858)	철종	최성환	
규사 (1859)	철종	이진택	역대의 서얼에 관계되는 사실들을 모아 편찬
이향견문록 (1862)	철종	유재건	
희조일사 (1866)	고종	이경민	

2 지리서, 지도, 국어, 백과사전 등

1. 역사 지리서

제목	시기	편찬자	내용 및 형식
동국지리지 (1657)	효종	한백겸	고조선~고려까지의 역사 지리서
아방강역고 (1811)	순조	정약용	• 지역별로 소개한 역사 지리서 • 발해 중심지가 백두산 동쪽에 있다는 것 입증 • 백제 첫 도읍이 서울이라는 것 입증

2. 인문 지리서

제목	시기	편찬자	내용 및 형식
동국여지지 (1656)	효종	유형원	
지승 (1677)	숙종	허목	
택리지 (1751)	영조	이중환	• 각 지방 정치, 경제, 자연, 환경, 인물, 풍속, 인습, 고사 등 서술 • 자연과 인간생활 관계를 인과적으로 이해 • 노론 집권층에 대한 비판적 시각
여지도서 (1765)	영조	홍문관	

3. 지도

제목	시기	편찬자	내용 및 형식
동국지도	영조	정상기	• 백리척 축척 사용 • 백두산(머리)을 기점으로 백두대간(척추)을 강조 • 국토를 인체로 인식하는 전통적 지리관
청구도 (1834)	순조	김정호	정상기의 동국지도에서 영향 받음
대동여지도 (1861)	철종	김정호	• 전국을 답사하며 정밀(10리마다 눈금 표시)하게 표시 • 산업, 군사 지도적 성격, 정상기의 지도 제작(축척법)에서 영향 받음 • 목판으로 대량 인쇄 보급하여 지도 대중화에 성공
대동지지 (1863)	철종	김정호	• 동국여지승람 정정 · 보완을 위한 지지 • 청구도, 대동여지도의 실제 답사와 고증이 책으로 엮임 • 단군, 기자, 위만 조선, 한사군, 가야, 남북국, 후삼국 시대 등 기록

4. 국어학

❶ 훈민정음 연구서 : 경세정운, 훈민정음운해(1750, 신경준), 언문지, 물명고(1824, 유희)
❷ 고금석림(이의봉): 방언과 해외 언어를 정리
❸ 규장전운(이덕무): 한자의 음운을 정리

5. 백과사전

제목	시기	편찬자
지봉유설	광해군	이수광
유원총보	인조	김육
성호사설	영조	이익
동국문헌비고	영조	홍봉한
동문휘고	정조	정창순
청장관전서	정조	이덕무
만기요람	순조	심상규
오주연문장전산고	헌종	이규경

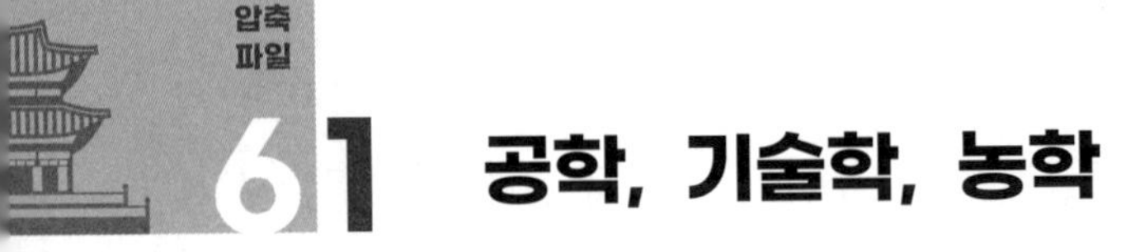

공학, 기술학, 농학

이렇게 공부합시다!

시대별로 기억하세요.

1 고대의 목판 인쇄술과 제지술

1. **무구정광대다라니경** : 불국사 3층 석탑에서 발견, 세계에서 가장 오래된 목판 인쇄물

2. **종이** : 닥나무 사용

2 고대의 금속 기술

1. **고구려** : 철제 무기와 도구 등의 품질 우수

2. **백제** : 칠지도(강철 제품), 금동 대향로

3. **신라** : 금관, 통일 신라 때의 성덕 대왕 신종(혜공왕, 771) 등

3 고려의 인쇄술과 제지술

1. **목판 인쇄술** : 고려대장경의 판목

2. **금속 활자** : 여러 가지의 책을 소량 인쇄하는 데 편리
   ❶ 상정고금예문(고종, 1234): 강화도 피난 시에 금속 활자로 인쇄 ➡ 서양보다 200여 년 앞섬
   ❷ 직지심체요절(우왕, 1377): 현존하는 세계 최고의 금속 활자본, 프랑스 국립 도서관 보관

3. **제지술** : 종이 제조의 전담 관서 설치(등피지, 경면지라고 불림)

4 고려의 화약 무기 제조와 조선 기술

1. **화약 무기 제조** : 고려 말 최무선의 화약 제조, 화통도감 설치(1377, 화약 제조) ➡ 왜구 격퇴에 이용(금강 하구의 진포 싸움, 1380)

2. **조선술 발달**

5 조선의 활자 인쇄술과 제지술

1. **금속 활자** : 태종 때 주자소 설치, 계미자(태종), 갑인자(세종)

2. **제지술** : 조지서(세종) 설치 ➡ 다양한 종이를 대량 생산

6 조선의 병서 편찬과 무기 제조

1. **병서 편찬** : 『진법』(태조, 정도전), 『총통등록』(세종), 『역대병요』(세조), 『동국병감』(문종), 『병장도설』(성종)

2. **무기 제조** : 화약 무기 제조(세종, 최해산), 화차(세종, 신기전 100개 연속 발사), 거북선(태종), 비거도선(태종) 등 제조

3. **과학 기술 쇠퇴** : 16세기 이후 사림의 과학 기술 경시 풍조로 침체

7 농서

1. **『농상집요』** : 원 간섭기에 들어온 중국 화북 지방의 농서(밭농사)

2. **『농사직설』(세종, 1429)** : 정초·변효문 등이 편찬, 농민들의 실제 경험을 체계화

3. **『금양잡록』(성종, 1492)** : 강희맹이 편찬, 경기도 시흥 일대의 농업에 기반

4. **조선 후기의 농서**
   ❶ 『농가집성』(신속, 1655): 이앙법의 보급에 공헌
   ❷ 『색경』(박세당, 1676), 『산림경제』(홍만선, 1715)
   ❸ 『해동농서』(서호수, 1799): 채소, 과수, 원예, 축산 기술 소개
   ❹ 『임원경제지』(서유구, 1845): 농촌 생활 백과사전
   ❺ 『감저보』(강필리), 『감저신보』(김장순): 고구마 재배법

5. **어업** : 『자산어보』(정약전, 19세기 初)

압축
파일

62 자연 과학

이렇게 공부합시다!

시대별로 구분해서 기억하세요.

1 고대의 천문학과 수학

1. **천문학** : 천체 관측을 중심으로 발달
   ❶ 고구려 : 별자리를 그린 천문도 제작, 고분 벽화 별자리 그림
   ❷ 신라 : 첨성대(선덕 여왕, 남아 있는 것 가운데 세계에서 가장 오래된 천문대) 건축
   ❸ 천체 관측을 중시한 이유 : 천문 현상이 농경과 밀접한 관련, 왕의 권위를 하늘과 연결

2. **수학** : 다양한 건축에 정밀한 수학적 지식 이용

2 고려의 천문학

1. **과학 기술 발달 배경**
   ❶ 전통 과학 기술 계승 + 중국과 이슬람의 과학 기술 수용
   ❷ 국자감에서 율학, 서학, 산학 등의 잡학 교육, 잡과 실시

2. **천문학**
   ❶ 천문 관측과 역법 계산을 중심으로 발달
   ❷ 사천대(서운관): 천문과 역법을 맡은 관청 ➡ 첨성대에서 관측 업무 수행
   ❸ 역법 연구 : 고려 초기에는 당의 선명력 사용 ➡ 충선왕 때 원의 수시력 채용 ➡ 공민왕 때 명의 대통력 수용

3 조선 전기의 천문학과 역법

1. **발달 배경**
   ❶ 집권층이 부국강병과 민생 안정을 위하여 과학 기술의 중요성 인식
   ❷ 전통문화 계승 + 서역과 중국의 과학 기술 수용

2. 천문학, 농업

❶ 관상감 : 천문학 관장 기구
❷ 간의대(세종): 천문대
❸ 천체 관측 기구 : 혼의와 간의
❹ 시간 측정 기구(세종): 앙부일구(해시계), 자격루(물시계)
❺ 기타 : 측우기(세종, 1441, 세계 최초), 인지의와 규형(토지 측량 기구)
❻ 천문도 : 고구려의 천문도를 바탕으로 천상열차분야지도(태조)를 돌에 새김

3. 역법[칠정산(세종)] : 중국의 수시력과 아라비아의 회회력 참고 ➡ 서울을 기준으로 천체 운동 계산, 내편과 외편으로 구성

4 서양 문물의 수용

1. 경로 : 17세기경부터 중국을 왕래하던 사신들을 통해서 유입

2. 유입

❶ 국내 학자 : 선조 때 이광정(곤여만국전도), 인조 때 정두원(천리경 · 자명종)
❷ 서양인의 표류 : 17세기에 벨테브레이(인조~효종)와 하멜(효종) 일행
㉠ 벨테브레이(박연): 훈련도감에 소속되어 서양식 대포의 제조법과 조종법 전수
㉡ 하멜 : 『하멜표류기』(1653)

5 조선 후기의 천문학과 역법

1. 천문학

❶ 이익 : 서양 천문학에 큰 관심을 가지고 연구
❷ 김석문 : 지전설을 우리나라에서 처음으로 주장(『역학도해』)
❸ 홍대용 : 지전설, 무한우주론

2. 역법

❶ 김육 : 서양 선교사 아담 샬이 만든 시헌력 도입(효종, 1653)
❷ 역산서(남병길) : 헌종 때 『시헌기요』(1860)를 편찬
❸ 『의기집설』 : 남병철(1817~1863)이 저술

압축 파일

63 의학

이렇게 공부합시다!

통합적으로 기억하세요.

1 전근대 의학의 특징

1. 중국 의학의 영향을 강하게 받음

2. 약재의 상당 부분을 중국에서 수입(민중들은 민간요법에 의존)

3. 고려 시대부터 약재의 국산화를 위한 노력 ➡ 미신을 멀리하고 동양적 세계관에 입각한 합리적 치료를 추구했던 성리학의 영향으로 조선 시대에 약재의 국산화와 침술의 발전이 어느 정도 이루어짐

2 고려의 의학

1. 의료 업무를 맡은 태의감에서 의학 교육 실시, 의과(잡과) 시행

2. **『향약구급방』(1236년으로 추정)** : 현존하는 우리나라 최고의 의학 서적, 국산 약재 소개

3. **『삼화자향약방』(13세기)** : 독자적 임상서

3 조선 전기의 의학

1. **『향약채취월령』(세종, 1431)** : 한글로 기록한 약재서, 우리나라의 약

2. **『향약집성방』(세종, 1433)** : 유효통 · 노중례가 정리, 우리나라의 약

3. **『의방유취』(세종, 1445)** : 동양 의학 백과사전

4. **기타** : 『태산요록』(세종, 1434, 노중례, 산부인과), 『신주무원록』(세종, 1438, 최치운, 법의학서)

4 조선 후기의 의학

1. 17세기

❶ 『동의보감』(광해군, 1610, 허준): 질병에 대한 모든 처방을 망라, 유네스코 기록 유산, 임진왜란 이후 각종 질병의 치료에 크게 기여

❷ 『침구경험방』(인조, 1644, 허임): 침술을 집대성

2. 18세기

❶ 『마과회통』(정조, 1798, 정약용): 마진(홍역) 연구서

❷ 종두법 연구 : 천연두의 예방을 위해 정약용과 박제가가 연구

3. 19세기

❶ 『동의수세보원』(고종, 1894, 이제마): 인간의 체질에 따라 처방을 달리 해야 한다는 사상 의학을 주장, 중의학과 구분되는 한의학의 독자적인 특징

❷ 알렌 등에 의해 19세기 후반에 서양 의학이 전래됨

4 유네스코 문화유산

이렇게 공부합시다!

시험 이틀 전까지는 꼭 기억하세요.

세계 유산	세계 기록 유산
① 석굴암과 불국사(1995) ② 해인사 장경판전(1995) ③ 종묘(1995) ④ 화성(1997) ⑤ 창덕궁(1997) ⑥ 경주 역사 유적 지구(2000) : 남산 지구, 월성 지구, 대릉원 지구, 황룡사 지구, 산성 지구 ⑦ 고창 화순 · 강화의 고인돌 유적(2000) ⑧ 제주 화산섬과 용암 동굴(2007) ⑨ 조선 왕릉(2009) ⑩ 한국의 역사 마을 : 하회와 양동(2010) ⑪ 남한산성(2014) ⑫ 백제 역사 유적 지구(2015) ⑬ 산사, 한국의 산지 승원(2018) : 양산 통도사, 영주 부석사, 안동 봉정사, 보은 법주사, 공주 마곡사, 순천 선암사, 해남 대흥사 ⑭ 한국의 서원(2019) : 경북 영주 소수서원, 경남 함양 남계서원, 경북 경주 옥산 서원, 경북 안동 도산서원, 전남 장성 필암서원, 대구 달성 도동서원, 경북 안동 병산서원, 충남 논산 돈암서원, 전북 정읍 무성서원 ⑮ 한국의 갯벌(2021) ⑯ 가야 고분군(2023)	①『조선왕조실록』(1997) ②『훈민정음(해례본)』(1997) ③『승정원일기』(2001) ④『불조직지심체요절』 하권(2001) ⑤ 조선왕조의궤(2007) ⑥ 고려대장경판 및 제경판(2007) ⑦『동의보감』(2009) ⑧『일성록』(2011) ⑨ 5 · 18 광주 민주화 운동 기록물(2011) ⑩ 새마을 운동 기록물(2013) ⑪『난중일기』(2013) ⑫ 한국의 유교책판(2015) ⑬ KBS 특별생방송 '이산가족을 찾습니다' 기록물(2015) ⑭ 국채 보상 운동 기록물(2017) ⑮ 조선 통신사에 관한 기록 – 17세기~19세기 한일 간 평화 구축과 문화 교류의 역사(2017) ⑯ 조선 왕실 어보와 어책(2017) ⑰ 동학 농민 혁명 기록물(2023) ⑱ 4 · 19 혁명 기록물(2023)

TiP 두문자를 활용합시다!

경해와 종화는 창고의 제왕 하양 남백 사서, KBS의 실직자 승훈이와 함께

경	해	종	화	창	고	제	왕	하	양	남	백	사	서	의	실	직	승	훈
주	인사	묘	성	덕궁	인돌	주도	릉	회마을	동마을	한산성	제지구	원	원	궤	록	지	정원일기	민정음

국어와 일5를 동통하여 난새의 대유학자가 되었으나, 갯벌에 가서 동4했다.

국	어	일	5	동	통	난	새	대	유	가	동	4
채보상	보·어책	성록	18	의보감	신사	중일기	마을운동	장경	교책판	야고분군	학농민혁명	·19혁명

압축 파일

65 흥선 대원군

이렇게 공부합시다!

- 흥선 대원군의 내정 개혁을 사례별로 기억하세요.
- 통상 수교 거부 정책의 순서와 특징을 파악하세요.

1 내정 개혁

1. 왕권 강화책

❶ 세도 가문 척결 : 능력에 따른 인재 등용, 부패한 관리 제거

❷ 비변사의 기능 축소 : 의정부(행정)와 삼군부(군사) 기능 부활 ➡ 정치와 군사 업무 분리

❸ 법전 정비 : 『대전회통』, 『육전조례』 편찬

❹ 경복궁 중건 : 왕실의 위엄 과시

㉠ 원납전 강제 징수, 당백전(고액 화폐) 남발 ➡ 인플레이션

㉡ 양반의 묘지림 벌목과 백성의 공사장 징발

㉢ 성문세, 결두전(부가세) 징수

2. 민생 안정책

❶ 삼정의 문란 시정

㉠ 전정 : 양전 실시(은결 색출), 지방관과 토호의 토지 겸병 금지

㉡ 군정 : 호포법 ➡ 양반에게도 군포를 징수(호를 기준으로 징수)

㉢ 환곡 : 사창제 ➡ 민간인 중심의 춘대추납 제도

❷ 서원 철폐 : 47개의 사액 서원만 남기고 600여 개의 서원 철폐, 토지와 노비 몰수 ➡ 국가 재정 확충, 백성들에 대한 양반 유생의 횡포 차단, 붕당의 지방 근거지 제거

❸ 만동묘 철폐 : 명나라 신종·의종의 사당 철폐

❹ 사회·문화 : 갓·소매 크기 감소

2 통상 수교 거부 정책

1. **배경**: 서양 열강의 침략적 개항 요구

2. **과정(병 · 제 · 병 · 오 · 신 · 척)**

❶ 병인박해: 프랑스 신부 9명, 8천여 명의 천주교 신자 처형

❷ 제너럴셔먼호 사건: 미국, 평양(대동강), 평안감사 박규수

❸ 병인양요(1866)

㉠ 병인박해를 구실로 프랑스 함대가 강화도 침입
➡ 로즈 제독이 이끄는 프랑스군이 강화읍 점령

㉡ 문수산성(**한성근**), 정족산성(**양헌수**)에서 격퇴

㉢ 외규장각 문화재 약탈(대여 **형식으로 반납**)

㉣ 척화비 문구 제작

❹ 오페르트의 도굴 기도: 독일 상인 오페르트가 충남 덕산에 있는 남연군(**대원군**의 아버지) 묘 도굴 기도

❺ 신미양요(1871)

㉠ 제너럴셔먼호 사건을 빌미로 미국 함대가 강화도 침략

㉡ 광성보에서 어재연 부대의 강력한 저항에 부딪힘 ➡ 철군

㉢ 어재연 장군기 약탈(대여 **형식으로 반납**)

❻ 척화비 건립: 洋夷侵犯 非戰則和 主和賣國

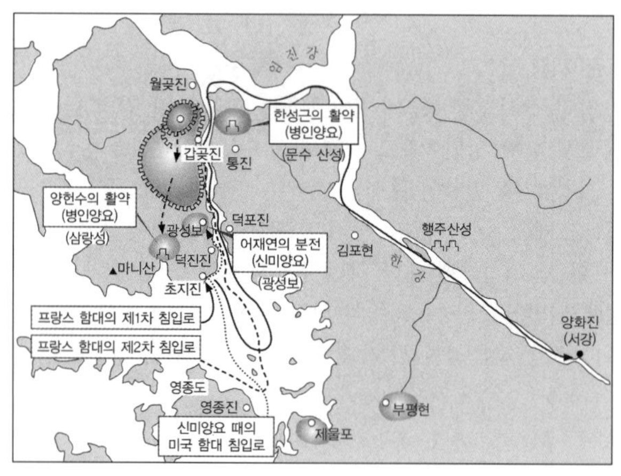

◆ 병인양요와 신미양요

압축
파일

66 강화도 조약

이렇게 공부합시다!

- 강화도 조약의 배경을 이해하세요.
- 조 · 일 수호 조규, 조 · 일 무역 규칙, 조 · 일 수호 조규 부록의 내용을 각각 기억하세요.

1 개항의 배경

1. 문호 개방의 여건 조성

❶ 흥선 대원군의 하야(1873) : 최익현의 상소가 계기

❷ 고종의 친정 체제 : 민씨(명성 왕후 세력) 세력의 등장

❸ 통상 개화론의 대두 : 박규수, 오경석, 유홍기, 이동인 등

❹ 서양 소개 서적의 유입 : 『해국도지』, 『영환지략』

2. 정한론과 운요호 사건

❶ 일본의 서계(외교 문서) 전달 ➡ 조선이 거부하자 정한론의 대두 ➡ 정한론 유보

❷ 운요호 사건(1875): 운요호가 강화 해역을 침범(함포 외교) ➡ 운요호 사건을 구실로 조선에 수교 조약 체결을 강요

2 강화도 조약의 성격과 내용

1. 성격 : 최초의 근대적 조약, 불평등 조약

2. 내용(조 · 일 수호 조규 + 조 · 일 통상 장정, 조 · 일 수호 조규 부록)

❶ 강화도 조약(조 · 일 수호 조규, 1876. 4.)

제1관, 조선국은 자주의 나라이며, 일본과는 평등한 권리를 가진다.
➡ 청의 조선에 대한 종주권 배제

제4관, 조선국은 부산 외에 두 곳(원산, 인천)을 개항하고, 일본인이 왕래 통상함을 허가한다.
➡ 부산(1876, 경제적), 원산(1879, 군사적), 인천(1883, 정치적)

제7관, 일본국의 항해자가 자유로이 해안을 측량하도록 허가한다.
➡ 군사적 침략 의도, 불평등 조약의 근거

제10관, 일본국 인민이 조선국 지정의 각 항구에 머무르는 동안에 죄를 범한 것이 조선국 인민에게 관계되는 사건일 때에는 모두 일본 관원이 심판할 것이다.
➡ 치외 법권(영사 재판권), 불평등 조약의 근거

❷ 조 · 일 통상 장정과 조 · 일 수호 조규 부록

조약	내용	의미
조 · 일 무역 규칙 (조 · 일 통상 장정) (1876. 8.)	조선국 항구에 머무르는 일본인은 쌀과 잡곡을 수출할 수 있다.(제6조)	쌀의 무제한 유출 ➡ 쌀값 폭등
	일본국 소속의 선박은 항세(港稅)를 납부하지 않으며, 수출입 상품에도 관세를 부과하지 않는다.(제7조)	무관세 규정 ➡ 시장 보호와 재정 수입을 늘릴 수 있는 수단의 상실
조 · 일 수호 조규 부록 (1876. 8.)	• 일본 외교관의 여행 자유 인정 • 개항장에서 일본인 거주지(조계지) 설정 • 개항장에서 일본 화폐의 유통 허용 • 간행이정 10리(거류지 무역)	• 일제의 침략 발판 구축(일본 화폐 유통으로 일본 경제 침투) • 통상 지역의 한계 설정

압축 파일

67 서양 열강과의 문호 개방 조약

이렇게 공부합시다!

- 조·미 수호 통상 조약의 배경과 내용을 기억하세요.
- 열강과 맺은 개항의 순서를 기억하세요.

1 조·미 수호 통상 조약(1882)의 체결

1. 배경

❶ 황준헌의 『조선책략』: 러시아의 남하 저지를 위해 중국, 일본, 미국과 손잡을 것을 주장(2차 수신사 김홍집이 가지고 옴)

❷ 청의 의도: 러시아·일본을 견제, 조선에 대한 종주권 인정 시도 ➡ 청의 알선으로 미국과 체결

2. 내용

❶ 최혜국 대우 ➡ 불평등 조약의 근거

❷ 치외 법권(영사 재판권) ➡ 불평등 조약의 근거

❸ 거중 조정: 서로 돕기

❹ 수출입 상품에 대한 협정 관세 제도 ➡ 관세 자주권 없음

3. 결과: 보빙사 파견(1883)

4. 의의: 서양 열강과 맺은 최초의 근대적 조약, 불평등 조약, 청이 의도한 조선에 대한 종주권은 미국이 거부함

2 열강과 맺은 조약들(일·미·영·독·이·러·프)

국가	시기	조약	내용 및 특징
일본	1876년	강화도 조약	최초의 근대적 조약
미국	1882년	조·미 수호 통상 조약	서양과 맺은 최초의 근대적 조약, 청의 알선, 최혜국 대우
영국	1883년	조·영 수호 통상 조약	청의 알선, 아편 금수와 관세 문제로 1년 늦어짐
독일	1883년	조·독 수호 통상 조약	청의 알선
이탈리아	1884년	조·이 수호 통상 조약	청의 알선
러시아	1884년	조·러 수호 통상 조약	단독 수교
프랑스	1886년	조·프 수호 통상 조약	단독 수교, 천주교 포교 인정

압축
파일

68 개화 정책의 추진, 위정척사파, 임오군란

이렇게 공부합시다!

- 개화 정책의 추진 사례들과 연도를 기억하세요.
- 위정척사파를 10년 단위로 배경, 인물, 특징을 살펴두세요.
- 임오군란의 배경과 이후에 맺어진 조약들을 기억하세요.

1 제도 개혁과 근대 문물 시찰

1. 제도 개혁

❶ 정치 제도 : 통리기무아문(1880~1882)과 12사 설치

❷ 군사 제도 : 5군영을 2영으로 축소, 신식 군대인 별기군(1881, 일본인 교관) 창설

2. 근대 문물 시찰(1 · 2 · 조 · 영 · 3 · 보)

❶ 수신사(일본에 파견)

㉠ 1차(김기수, 1876)

㉡ 2차(김홍집, 1880): 『조선책략』 소개

㉢ 3차(박영효, 김옥균, 1882): 임오군란의 수습, 태극기 사용

❷ 조사 시찰단과 영선사

조사 시찰단(1881. 4.)	영선사(1881. 9.)
국내 보수파의 반대로 비밀리에 파견(박정양, 홍영식)	청의 톈진에 파견(김윤식)
일본의 정부 기관과 각종 산업 시설 시찰	무기 제조 기술과 군사 훈련법 습득 ➡ 경비 · 지식 부족과 임오군란으로 조기 귀국 ➡ 기기창 설치

❸ 보빙사(1883) : 미국에 파견(민영익, 홍영식, 유길준, 서광범), 우편 제도와 농무 목축 시험장 개설

2 근대 시설의 도입

1. 기기창(김윤식, 1883) ➡ 무기 제조

2. 전환국(묄렌도르프, 1883) ➡ 당오전 발행

3. 박문국(박영효, 1883) ➡ 한성순보 간행

4. 우정총국(홍영식, 1884) ➡ 우편 업무

3 시기별 위정척사파의 활동

시기	배경	주요 인물	주요 주장과 활동
1860년대	서양의 통상 요구(병인양요 때)	이항로, 기정진	척화 주전론
1870년대	강화도 조약	최익현	왜양일체론, 개항불가론
1880년대	개화 정책 추진, 『조선책략』 유포	이만손, 홍재학	영남 만인소(이만손), 만언척사소(홍재학), 개화 정책 반대
1890년대	을미사변, 단발령	유인석, 이소응	항일 의병 운동

4 임오군란

1. **원인** : 민씨 정권의 부패, 구식 군대에 대한 차별 대우, 민중 생활의 곤란(쌀의 일본 유출)

2. **경과** : 구식 구인과 서울 민중 봉기 ➡ 민씨 정권의 고관(민겸호, 이최응) 살해, 별기군의 일본인 교관 살해, 일본 공사관 습격 ➡ 흥선 대원군 일시 집권 ➡ 청군이 군란을 제압(민씨 정권의 요청)

3. 결과와 영향(조 · 미 ➡ 임오군란 ➡ 제/속 ➡ 조 · 청)
   ❶ 청
      ㉠ 내정과 외교의 간섭(마젠창, 묄렌도르프)
      ㉡ 조 · 청 상민 수륙 무역 장정(1882) : 내지 통상권, 연안 어업권, 조선이 청의 속방임을 명시(청의 종주권)
   ❷ 일본
      ㉠ 제물포 조약(1882) : 일본 경비병의 주둔 인정, 배상금 지불
      ㉡ 조 · 일 수호 조규 속약(1882) : 간행이정을 50리, 2년 후 100리로 확대

압축
파일

69 개화파, 갑신정변, 중립화론

이렇게 공부합시다!

- 온건 개화파와 급진 개화파를 구분하세요.
- 갑신정변의 주동자들과 개혁 내용을 기억하세요.
- 중립화론이 나오게 되는 과정을 이해하세요.

1 개화사상의 형성

1. **형성 배경**: 북학파 실학 + 양무운동(청) + 문명개화론(일본)

2. **선구자**: 박규수(양반), 오경석(역관), 유홍기(의관), 이동인(승려)

2 온건 개화파와 급진 개화파

온건 개화파	급진 개화파
노장파 ➡ 김홍집, 김윤식, 어윤중	청년 관료, 소장파 ➡ 김옥균, 박영효, 홍영식, 서광범, 서재필, 유길준
• 청의 양무운동 모방 • 점진적 개혁 ➡ 전통 체제 인정	• 청 배제, 일본 모방(메이지유신) • 급진적 개혁 추구 ➡ 입헌군주제
동도서기	문명개화

3 갑신정변(1884)의 전개

1. **배경**: 민씨 정권의 개화당 탄압, 청의 내정 간섭, 김옥균의 일본 차관 도입 실패, 청・프 전쟁(청군 일부 철수), 일본의 지원 약속 등

2. **경과**: 우정국(총판: 홍영식) 개국 축하연을 계기로 정변 단행
   ➡ 김옥균을 중심으로 개화당 정부 수립(14개조 정강 마련)
   ➡ 청군의 개입으로 3일 천하로 끝남

3. **개혁 내용**
❶ 청과의 사대 관계 폐지
❷ 인민평등권 확립
❸ 지조법의 개혁(전세의 개혁, 지주제는 인정)
❹ 혜상공국 폐지(보부상 조직, 고종의 정치 자금 차단)
❺ 호조로 재정 일원화(왕권 제약)
❻ 경찰 제도의 실시

4. **결과** : 개화 세력 약화, 민씨 정권의 친청·보수 정책의 심화
❶ 한성 조약(조-일, 1885) : 일본에 배상금 지불(공사관 신축 비용)
❷ 텐진 조약(청-일, 1885) : 양국군 공동 철수, 동등한 파병권 확보

5. **의의** : 근대 국가의 건설을 목표로 한 최초의 정치 개혁 운동 ➡ 근대화 운동의 선구
❶ 정치면 : 청에 대한 사대 외교 관계 청산, 입헌 군주제 주장(최초)
❷ 사회면 : 문벌 타파, 인민 평등권의 확립 ➡ 신분제 철폐 주장

6. **한계** : 일본에 의존적 태도, 국방력 강화와 토지 제도 개혁 소홀

4 거문도 사건과 조선 중립화론

1. **거문도 사건(1885)**
❶ 갑신정변 후 청의 내정 간섭 심화
㉠ 청을 견제하기 위해 러시아와 비밀 협약을 추진
㉡ 청의 대응 : 대원군 송환
❷ 영국이 러시아를 견제하기 위해 거문도를 점령(1885) ➡ 조선 중립화론 대두

2. **조선 중립화론** : 부들러(독일), 유길준

압축 파일

70 동학 농민 운동

이렇게 공부합시다!

- 순서가 중요합니다!!!
- 개혁 내용도 알아두세요.

1 교조 신원 운동의 전개

1. **공주 · 삼례 집회** : 교조 신원 복위, 동학교도 탄압 중지 요구

2. **서울 복합 상소** : 동학 간부들의 복합 상소

3. **보은 집회** : 외세 배척과 탐관오리 숙청을 주장

2 동학 농민 운동의 전개 과정(조 · 고 · 이/백 · 토 · 룡/전 · 청 · 집/갑 · 논 · 우)

구분	전개 과정
고부 농민 봉기 (1894. 1.)	고부 군수 조병갑의 폭정 ➡ 전봉준 등이 고부 관아를 습격하고 착취의 상징인 저수지 만석보를 파괴(사발통문 이용) ➡ 신임 군수(박원명)의 무마책으로 해산
1차 농민 봉기 (1894. 3.)	안핵사 이용태의 폭력적 탄압 ➡ 백산에서 전봉준, 손화중, 김개남 등을 중심으로 농민군 집결 ➡ 4대 강령과 제폭구민, 보국안민의 격문 발표, 균전사 제거 요구 ➡ 정읍 황토현 전투 승리 ➡ 장성 황룡촌 전투 승리 ➡ 전주성 입성
전주 화약과 집강소 설치 (1894. 5.)	청군과 일본군의 상륙 ➡ 전주 화약(외국 군대의 철병 요구와 폐정 개혁을 조건) 체결 ➡ 호남 지역에 농민 자치 조직인 집강소 설치, 정부는 한양에 교정청 설치
2차 농민 봉기 (1894. 9.)	일본군의 경복궁 점령과 개혁 강요(청 · 일 전쟁의 발발과 갑오개혁) ➡ 전봉준의 남접(호남)과 손병희의 북접(충청)이 연합 부대 형성 ➡ 논산에서 집결 ➡ 공주 우금치에서 정부군과 일본군의 연합군에 패배 ➡ 실패(정부군과 양반 중심의 민보군 등이 가혹한 보복과 탄압을 저지름)

3 폐정 개혁 12조(일부)

1조. 동학도는 정부와의 원한을 씻고 서정에 협력한다. ➡ 왕조 자체는 인정

4조. 불량한 유림(儒林)과 양반의 무리를 징벌한다. ➡ 봉건 지배층 타파

5조. 노비 문서를 소각한다. ➡ 신분제 폐지

6조. 7종의 천인 차별을 개선하고 백정이 쓰는 평량갓(平凉笠)은 없앤다. ➡ 신분제 폐지

7조. 청상과부(靑孀寡婦)의 개가를 허용한다. ➡ 봉건적 인습 타파

8조. 무명의 잡세는 일체 폐지한다. ➡ 조세 개혁

9조. 관리 채용에는 지벌(地閥)을 타파하고 인재를 등용한다. ➡ 관리 등용 제도 개선

10조. 왜와 통하는 자는 엄징한다. ➡ 반외세, 항일

11조. 공사채를 물론하고 기왕의 것을 무효로 한다. ➡ 부채 탕감

12조. 토지는 평균하여 분작(分作)한다. ➡ 자영농 육성

4 의의와 한계

1. 의의

❶ 농민 전쟁: 산발적 봉기에서 벗어나 조직적 농민 전쟁의 성격
❷ 반봉건(1차), 반침략(2차) 성격의 근대 민족 운동
❸ 의병 투쟁의 확산, 청·일 전쟁(전통적 동아시아 질서의 붕괴)

2. 한계

❶ 근대 국가 건설을 위한 구체적 방안을 제시하지 못함
❷ 농민층 이외의 폭넓은 지지 기반을 확보하지 못함

압축
파일

71 갑오개혁 · 을미개혁

이렇게 공부합시다!

1, 2, 3차 개혁의 내용을 구분해서 기억하세요.

1 전개 과정

1. 1차 갑오개혁(1894. 6.)

❶ 일본이 경복궁을 점령하고 청 · 일 전쟁을 일으키면서 시작
❷ 1차 김홍집 내각
❸ 온건 개화파 중심
❹ 군국기무처(대원군 섭정, 김홍집 총재)

2. 2차 갑오개혁(1894. 11.)

❶ 2차 김홍집 내각(김홍집, 박영효 · 서광범의 연립 내각)
❷ 급진 개화파 중심
❸ 청 · 일 전쟁에서 승세를 잡은 일본의 내정 간섭 본격화
❹ 군국기무처 폐지
❺ 고종이 독립서고문과 홍범 14조를 발표
❻ 교육 입국 조서 반포

3. 개혁의 중단

❶ 시모노세키 조약(1895)으로 일본이 랴오둥(요동)반도 획득
❷ 러시아가 주도한 삼국 간섭(러, 프, 독, 1895)으로 일본이 요동반도를 청에 반납하고 세력 위축
❸ 민씨 일파에 의해 박영효 실각(망명) ➡ 3차 김홍집 내각(김홍집+친러파) 수립
❹ 일본이 을미사변(1895)을 일으켜 명성 왕후를 시해

4. 을미개혁(3차 개혁, 1895. 8.)

❶ 4차 김홍집 내각(유길준 등의 급진 개화파가 주도)
❷ 태양력 사용, 단발령 등 급진적 개혁 추진
❸ 일본의 내정 간섭 강화 ➡ 국민의 반발, 아관 파천(1896)으로 개혁 중단

2 개혁의 내용(동학 농민 운동과 혼합해서 – 동 · 갑 · 동 · 갑)

구분	제1차 개혁	제2차 개혁	제3차 개혁
정치	• 왕실과 정부 사무 분리(전제 왕권 제한) • '개국' 연호 사용 • 과거제 폐지 • 6조 ➡ 8아문 • 경무청 설치 • 청의 종주권 부인	• 왕실 기구 축소 • 규장각 ➡ 규장원 • 내각제 시행 • 8아문 ➡ 7부제 • 8도 ➡ 23부(지방) • 훈련대, 시위대 창설 • 지방관 권한 축소	• '건양' 연호 사용 • 친위대(서울) · 진위대(지방) 설치
경제	• 재정 일원화(탁지아문) • 도량형 통일 • 조세 금납화 • 신식 화폐 장정(은 본위)	• 회계원, 내장원 설치 • 탁지부(관세사, 징세사)	
사회	• 공 · 사노비제 폐지 • 고문과 연좌법 폐지 • 조혼 금지 • 과부의 개가 허용	• 사법권과 행정권 분리(지방 재판소 설치) • 교육 입국 조서	• 태양력 사용 • 단발령 • 소학교 설치 • 우편 제도(우체사) • 종두법

압축 파일

72 독립 협회

이렇게 공부합시다!

독립 협회의 활동(특히 1898년)을 파악하세요.

1 서재필의 활동

미국에서 귀국하여 서구 시민 사상에 입각한 계몽 운동 전개, 독립신문 창간(1896. 4.), 독립 협회 창립(1896. 7.)

2 주요 활동

자주 국권	1898. 2. 1898. 3. 1898. 5. 1898. 9.	• 러시아의 절영도 조차 요구 저지(구국 선언 상소문) • 만민 공동회를 열어 러시아 고문단을 철수시킴 • 러시아의 목포, 진남포 해역 토지 매도 요구 저지 • 이권 양도와 관련된 이완용 제명 처분
자유 민권	1898. 3. 1898. 10.	• 국민의 신체와 재산권 보호 운동 전개 • 언론과 집회의 자유권 쟁취 운동 전개
자강 개혁	1898. 3. 1898. 10. 1898. 10. 1898. 11.	• 만민 공동회 개최 • 보수파 내각 퇴진, 개혁 내각 수립 • 관민 공동회를 개최하여 헌의 6조 채택 • 관선 25명, 민선 25명으로 구성된 의회식 중추원 관제 반포

3 해산

1. **보수 세력의 모함**: "독립 협회가 공화제를 실시하려 한다."
2. 고종이 황국 협회(보부상 단체)를 이용하여 만민 공동회 탄압

4 한계

1. 사회진화론에 편향됨

2. **민중 의식 부족**
   ❶ 의병 투쟁에 부정적 인식
   ❷ 지주제 인정
   ❸ 엘리트주의: 상원 중심의 의회 구성, 민중의 역량 과소평가
   ❹ 군대 양성에 무관심
   ❺ 편향적인 열강관(러시아와 프랑스에 유독 적대적)

압축 파일

73 광무개혁

이렇게 공부합시다!

광무개혁의 주요 정책을 살펴보세요.

1 대한 제국의 성립과 개혁의 추진(광무개혁)

1. 성립 배경

❶ 고종의 환궁 : 경운궁(덕수궁)으로 환궁(1897)

❷ 칭제건원 : 환구단(원구단)에서 황제 즉위식 거행, 국호 '대한 제국', '황제' 칭호 사용, 연호 '광무'

2. 광무개혁

❶ 원칙

㉠ 구본신참 ➡ 복고주의

㉡ 갑오 · 을미개혁의 급진성 비판, 점진적인 개혁 추구

㉢ 윤용선 · 민영환 · 이용익 등의 보수파가 주도

❷ 내용

구분	내용
정치	• 전제 왕권의 강화 추진 : 대한국 국제 제정(1899) • 교정소(교전소를 개편한 특별 입법 기구), 중추원(황제 자문 기구), 내장원(근대 사업 추진) • 국방력 강화 : 원수부 설치(황제가 육해군 통솔), 서울의 시위대와 지방의 진위대 군사 수 증강, 무관 학교 설립(1898) • 해삼위 통상 사무(1900)와 간도 관리사(1903) 설치 : 블라디보스토크와 간도 이주민 보호 • 한 · 청 통상 조약 체결(1899) : 청과 양국 황제 명의로 체결 • 23부 ➡ 13도 • 내각제 폐지(의정부 부활) • 평양 ➡ 서경(풍경궁)
경제	• 양지아문(1898), 지계아문 설치 ➡ 양전 사업 시행, 지계(근대적 토지 소유권 문서) 발급 • 식산흥업 정책(상공업 진흥책) : 황실 주도로 제조 공장 설립, 민간인 회사 설립 지원, 상무사(1899, 보부상 지원) 설립, 양잠 사업 추진 • 화폐 조례 : 신식 화폐 장정을 폐지하고 금 본위제 시도 • 평식원(도량형 통일) • 만국 박람회 참여(1900)
사회	• 교육 진흥책 : 실업 교육과 기술 교육 강조 ➡ 실업 학교 설립, 유학생 파견 • 근대 시설 도입 : 전기, 전화 가설, 전차 선로 부설, 우편 제도 재개 등

74 간도와 독도

이렇게 공부합시다!

빼앗기게 되는 결정적 계기와 우리 영토임을 주장하는 근거를 기억하세요.

1 간도

1. **발단** : 우리 민족의 이주 ➡ 청의 철수 요구
2. **전개 과정** : 백두산정계비(숙종, 1712) ➡ 간도를 함경도에 편입(1902) ➡ 간도 관리사(이범윤, 1903) ➡ 을사늑약(1905) ➡ 일제의 간도 파출소 설치(1907) ➡ 간도 협약(1909)
3. **간도 협약(1909)** : 일제가 안봉선 철도(남만주 철도) 부설권 등의 이권을 얻는 대가로 간도를 청의 영토로 인정

2 독도

1. 숙종 때 안용복이 울릉도에 들어온 일본인을 몰아내고 일본에 가서 울릉도와 독도가 우리 영토임을 확인
2. **공도(空島) 정책 중단** : 1881년 울릉도와 부속 섬에 대한 주민 이주 금지 정책 중단
3. 울릉도 개척령(1884) ➡ 울릉도를 군으로 승격시키고 독도를 관할케 함 ➡ 대한 제국 칙령 제41호 반포(1900) ➡ 의정대신 박제순의 지령 제3호(1906)
4. **일본의 태도 변화** : 은주시청합기(1667), 삼국접양지도(1785), 태정관 문서(1877) ➡ 러·일 전쟁 중 일제가 불법으로 독도를 일본 시마네 현에 편입시킴(시마네현 고시, 1905)

압축파일

75 일본의 국권 침탈 과정

이렇게 공부합시다!

일본의 국권 침탈 과정을 순서대로 기억하세요.

구분	내용
러·일 전쟁 (1904~1905)	한반도의 지배권을 놓고 러시아와 일본 간에 전쟁이 일어남 ➡ 대한 제국은 국외 중립을 선언(1904. 1.)
한·일 의정서 (1904. 2.)	군사 요지 점령권, 대한 제국의 조약 체결에 대한 사전 동의권 획득
1차 한·일 협약 (1904. 8.)	고문 정치 ➡ 재정(메가타), 외교(스티븐스) 등
열강들의 묵인	가쓰라·태프트 밀약(미, 1905. 7.), 제2차 영·일 동맹(1905. 8.), 포츠머스 강화 조약(러, 1905. 9.)
을사늑약 (2차 한·일 협약) (1905. 11.)	통감 정치(통감부 설치), 일본이 대한 제국의 외교권 대행 ➡ 보호국화(통감에 이토 히로부미 부임)
헤이그 특사 파견 (1907)	고종이 을사조약에 반발하여(비준 거부) 헤이그 만국 평화 회의에 특사 파견(이준, 이상설, 이위종) ➡ 고종 강제 퇴위
한·일 신협약 (정미 7조약) (1907. 7.)	차관 정치(일본인 차관), 임명 고등 관리의 임용에 통감 동의권, 군대 해산(1907. 8.)
기유각서 (1909. 7.)	사법권 박탈
경찰권 위탁 (1910. 5.)	경찰권 강탈
국권 피탈 (1910. 8. 29.)	일본이 대한 제국을 병합 ➡ 총독부 설치

압축 파일

76 의병 항쟁과 의열 투쟁

이렇게 공부합시다!

• 의병 항쟁의 순서와 주도자들의 이름과 지역을 기억하세요.
• 안중근 등의 의열 활동을 파악하세요.

1 을미의병(1895)

1. **계기** : 명성 왕후 시해와 단발령

2. **특징**

❶ 보수적 유생층이 주도 : 유인석(제천, 충주), 이소응(춘천), 허위
❷ 일반 농민과 동학 농민군의 잔여 세력 가담
❸ 아관 파천으로 권력을 확보한 고종의 단발령 철회와 해산 권고로 대부분 종식
❹ 을미의병 해산 이후 평민층을 중심으로 활빈당 조직(1899, 반봉건·반침략 활동, 대한 사민 논설 13조 발표)

2 을사의병(1905)

1. **계기** : 러·일 전쟁 이후 일제 침략 본격화 ➡ 을사늑약 체결

2. **특징**

❶ 양반 의병장 : 민종식(충남 홍성 점령), 최익현(전북 순창, 쓰시마섬에서 순절)
❷ 평민 의병장 활약 : 신돌석(울진과 영해, 태백산 호랑이)

3 정미의병(1907)

1. **계기** : 고종의 강제 퇴위, 군대 해산(시위대 대대장 박승환의 자결)

2. **특징** : 해산 군대의 가담으로 의병의 전투력 강화 ➡ 의병 전쟁으로 발전

3. **서울 진공 작전(1908)의 전개**
   - ❶ 이인영, 허위, 이강년
   - ❷ 13도 창의군 결성 ➡ 각국 영사관에 의병을 국제법상 교전 단체로 인정해줄 것을 요구 ➡ 실패

4. **의병들의 이동** : 유격전 전개(호남 중심) ➡ 일제의 남한 대토벌 작전(1909) ➡ 간도·연해주로 이동

4 을사조약에 대한 반발과 의열 투쟁

1. **고종의 노력**
   - ❶ 을사조약 무효 선언(대한매일신보)
   - ❷ 워싱턴 특사(헐버트, 1905. 12.), 헤이그 특사(1907. 4.) 파견

2. **언론 활동** : 황성신문(장지연의 '시일야방성대곡')

3. **자결** : 민영환 등

4. **오적 암살단** : 나철, 오기호 등이 조직

5. **스티븐스 사살(1908)** : 장인환, 전명운

6. **이토 히로부미 처단(1909)** : 안중근이 하얼빈에서 처단 ➡ 뤼순 감옥에서 국제법(만국공법)상 전쟁 포로임을 주장하며 『동양평화론』을 저술

7. **이완용 습격** : 이재명

압축 파일

77 애국 계몽 운동

이렇게 공부합시다!

- 각 단체의 활동 기간과 특징을 알아두세요.
- 신민회는 특히 중요합니다.

1 보안회(1904) : 황무지 개간권 요구 철회

2 헌정 연구회(1905) : 독립 협회 계승, 입헌 군주정 연구, 일진회를 규탄하다 해산

3 대한 자강회(1906~1907) : 자강(실력 양성)을 강조, 월보 간행, 지회 운영, 고종 퇴위 반대 운동을 전개하다 해산

4 대한 협회 : 대한 자강회를 계승, 상당수가 변절함

5 신민회(1907~1911)

1. **인물** : 안창호, 양기탁, 이승훈, 이회영, 이시영, 김구, 신채호, 이동휘 등 주로 평안도 출신 기독교인들
2. **특징** : 비밀 결사, 공화정 추구
3. **활동** : 태극서관, 자기 회사, 대성학교, 오산학교, 대한매일신보 활용, 삼원보에 경학사와 신흥 강습소(1911) 설립
4. **해체** : 일제가 조작한 105인 사건으로 해체(1911)
5. **의의** : 애국 계몽 운동과 의병 항쟁의 연대의 계기를 마련

압축 파일

78 근대 경제사

이렇게 공부합시다!

- 내지 통상권 이전과 이후를 구분하세요.
- 화폐 정리 사업, 동양 척식 주식회사 등을 기억하세요.
- 방곡령, 황국 중앙 총상회, 농광 회사, 국채 보상 운동을 기억하세요!

1 내지 통상권 이전과 이후

개항 초기 (1876~1882)	일본 주도	거류지 무역 (간행이정 10리)	약탈 무역 (관세× 방곡령×)	중개 무역 영국산 면직물
임오군란 후 (1882~1895)	청 vs 일 경쟁 심화	내지 통상 (국내 상공인 몰락)	관세 ○ 방곡령 ○	

cf 조·청 상민 수륙 무역 장정(1882, 내지 통상권, 연안 어업권, 치외 법권, 속방 조항)
조·일 통상 장정(1883, 방곡령의 근거, 협정 관세, 최혜국 대우)

2 제국주의 열강의 경제적 침탈

1. 철도

❶ 일본이 상품의 수출과 군대를 수송하는 침략의 도구와 토지 약탈의 용도로 이용
❷ 경인선(1899), 경부선(1905), 경의선(1906)

2. 금융 지배

❶ 일본 제일은행 : 일반 은행 업무, 조선의 세관 업무 위탁, 제일은행권 유통
❷ 화폐 정리 사업(1905) : 일본인 재정 고문 메가타가 주도 ➡ 금 본위 제도 채택, 제일은행권을 본위 화폐로 삼고 대한 제국 화폐 발행권 박탈, 수많은 국내 상공인 몰락

3. 차관 제공 : 대한 제국의 화폐 정리와 시설 개선을 명분으로 한국의 재정을 일본에 예속시킴

4. 동양 척식 주식회사(1908) : 토지 약탈 전문회사

5. 광산 : 미국의 운산 금광, 러시아의 경원·종성 금광, 영국의 은산 금광 등

3 상권 수호 운동

1. 방곡령(1889~1891)

❶ 배경 : 일본 상인의 곡물 반출로 곡물 가격 폭등, 흉년으로 곡물의 부족 ➡ 함경도(조병식)와 황해도 등지에서 지방관이 방곡령을 내림

❷ 결과 : 방곡령 실시 1개월 이전에 통고해야 한다는 조·일 통상 장정(1883)의 규정을 근거로 한 일본의 항의로 배상금을 지불하고 방곡령 철회

2. 토착 상업 자본의 변모

❶ 시전 상인 : 황국 중앙 총상회 설립(1898)

❷ 객주·여각·보부상 : 외국 상인의 내륙 진출로 타격 ➡ 상회사(대동상회, 장통회사 등) 설립

3. 일본의 황무지 개간권 요구 저지

❶ 배경 : 러·일 전쟁 직후 황무지 개간권 요구

❷ 결과

㉠ 농광회사(1904)를 설립하여 우리 힘으로 황무지 개간 주장

㉡ 보안회를 중심으로 반대 운동 전개

❸ 결과 : 일제가 황무지 개간권 요구를 철회

4. 국채 보상 운동(1907)

❶ 배경 : 일제 통감부가 시설 개선의 명목으로 거액의 차관 제공

❷ 경과 : 대구에서 김광제, 서상돈 등의 발의로 국채 보상 운동 시작
➡ 국채 보상 기성회 조직(양기탁)

❸ 결과 : 통감부의 탄압(지도부의 공금 횡령 누명 등)으로 중단

압축 파일

79 근대 사회사

이렇게 공부합시다!

간단한 내용과 시기를 파악하는 것이 중요해요.

1 평등 사회로의 이행

1. 대한 제국 시기에 호적 시행(신분 ➡ 직업)
2. 여권통문(1898) : 북촌의 상류층 여성들이 발표한 것으로 여성의 교육권 등을 요구

2 국외 이주 동포

1. 간도 : 19세기 후반 주민들의 이주 시작 ➡ 1900년대 청의 한인 거주 인정으로 이주 증가 ➡ 독립운동 기지 건설
2. 연해주 : 러시아의 한인 입국 허용 ➡ 항일 운동의 터전 마련과 독립운동을 위한 애국지사들의 이주(신한촌)
3. 미주 : 유학생이나 정치적 망명객 이주, 1903년 하와이 사탕수수 농장에 노동 이민을 시작으로 미 본토, 멕시코(알로에 농장 : 애니깽) 등으로 이주 ➡ 대한인 국민회(1910)를 조직하여 독립운동 지원

3 근대 시설

구분	내용
통신	• 전신과 전화 : 전신선 부설(1884), 전화 가설(경운궁에 처음 가설, 1896) • 우편 : 우정총국 설치(1884), 을미개혁 이후 본격 실시, 만국 우편 연합 가입(1900)
교통	• 전차 : 서대문~청량리 노선(1899) • 철도 : 경인선(1899, 노량진~제물포), 경부선(1905)·경의선(1906) 개통
전기	전등 첫 가설(경복궁, 1887), 한성 전기 회사 설립(1898), 전차 운영(1899)
의료	• 민간 – 지석영(종두법 실시), 세브란스 병원(1904, 개신교에서 설립) • 정부 – 광혜원(1885, 최초의 근대식 병원 설립, 제중원으로 개칭)
건축	독립문(1897), 정동 교회(1898), 명동 성당(1898, 고딕 양식), 덕수궁 중명전(1901), 덕수궁 석조전(1910, 르네상스 양식)
기타	기기창(1883, 무기 공장), 박문국(1883, 한성순보 발간), 전환국(1883, 화폐 발행), 광인사(1884, 민간 출판 인쇄소)

4 언론

1. 국내

한성순보(1883~1884)	최초의 신문, 박영효의 건의로 박문국에서 간행, 순 한문, 관보 성격, 갑신정변으로 폐간, 10일마다 간행
한성주보(1886~1888)	국한문 혼용, 최초로 상업 광고 게재, 7일마다 간행
독립신문(1896~1899)	서재필 발행, 최초의 민간 한글 신문, 영문판도 발행
제국신문(1898~1910)	이종일 발행, 순 한글 신문, 서민층·부녀자 독자가 많음
황성신문(1898~1910)	남궁억 발행, 국한문 혼용체, 개신 유생층 대상, 장지연의 '시일야방성대곡'을 게재
대한매일신보(1904~1910)	양기탁·베델(영국인) 등이 운영, 순 한글·국한문·영문판 발행, 의병 투쟁에 호의적 보도, 국채 보상 운동 적극 지원, '시일야방성대곡'을 영문으로 기재
만세보(1906~1907)	국한문, 천도교에서 발행, 재정난으로 폐간
경향신문(1906)	천주교 계통

Cf 기타 : 조보(조선 시대 국정 홍보), 매일신문(1898, 최초의 일간지)

2. 국외 : 해조신문(1908, 연해주), 신한민보(1909, 미국) 등

3. 잡지 : 조양보, 소년 등

4. 일제의 탄압 : 신문지법(1907), 보안법(1908), 학회령(1908), 출판법(1909)으로 언론 활동 제약, 반일 논조 억압

압축 파일

80 근대의 교육과 문화

이렇게 공부합시다!

- 학교들이 세워진 연도, 교육 입국 조서의 내용을 기억하세요.
- 계몽 사학, 국학 연구에서는 특히 신채호와 박은식의 글들을 잘 기억하세요.

1 근대 교육의 발전

1. **근대 교육의 시작(1880년대)** : 원산 학사(1883, 최초의 근대식 학교, 근대 학문+무술 교육), 동문학(1883, 통역관 양성소), 육영 공원(1886, 관립 학교, 헐버트 등의 미국인 교사를 초빙하여 근대 학문 교육)

2. **근대적 교육 제도 마련(갑오개혁 이후)** : 과거 제도 폐지, 교육 입국 조서 반포(1895) ➡ 각종 관립 학교 설립(한성 소학교, 한성 중학교, 한성 사범 학교 등)

3. **사립 학교 설립** : 개신교 선교사와 민족 운동가 중심

4. **민족 교육 탄압** : 사립 학교령(1908) ➡ 사립 학교의 설립과 운영 통제, 교과서 검정

5. **학회 설립** : 을사조약 이후 서북학회, 기호학회, 흥사단, 여자교육회 등

2 국학 연구의 진전

1. **배경** : 을사조약 이후 국권 상실의 위기감 고조

2. **근대 계몽 사학** : 민족 의식과 애국심을 고취하고 민족의 주체성 확립 목적 ➡ 박은식, 신채호
   ❶ 민족 영웅전 저술 : 신채호의 『을지문덕전』, 『강감찬전』, 『이순신전』 등
   ❷ 외국 흥망사 소개 : 신채호의 『미국 독립사』·『이태리 건국 삼결전』, 현채의 『월남망국사』
   ❸ 황현의 『매천야록』, 정교의 『대한계년사』
   ❹ 신채호의 '독사신론'(1908) : 대한매일신보에 연재, 민족주의 사학의 연구 방향 제시

3 문학의 새 경향

1. 신소설

❶ 언문일치 문장, 계몽 문학적 성격

❷ 이인직의 『혈의 누』(1906), 『금수회의록』, 『자유종』 등

2. 신체시 : 근대시 형식의 개척 ➡ 최남선의 해에게서 소년에게(1908)

3. 외국 문학 번역

4 예술계의 새 변화

1. 음악 : 근대 음악 소개(찬송가), 창가(권학가, 애국가 등), 판소리 등

2. 연극 : 신극 운동 전개 ➡ 원각사(1908)에서 은세계, 치악산 등 공연

5 종교의 새 경향

1. 개신교 : 서양 의술 보급, 학교 설립, 신민회의 주축

2. 천도교

❶ 동학이 친일 성향으로 변절

❷ 손병희가 1905년 천도교로 개칭하며 동학의 전통 계승

❸ 만세보 출간

3. 유교 : 박은식의 유교구신론(1909)

❶ 대동사상 주장

❷ 양명학적 입장에서 부국강병, 교육 진흥 주장

4. 불교 : 한용운의 불교유신론(1913) 제창

5. 대종교(1909)

❶ 나철과 오기호가 창시, 단군 신앙 강조

❷ 간도와 연해주에서 항일 독립운동 전개(중광단, 북로 군정서)

압축 파일

81 일제 식민 통치의 구조

이렇게 공부합시다!

- 각 통치 시기의 정책들을 파악하고 일부 내용들은 연도와 순서를 파악해 두세요.
- 토지 조사 사업, 산미 증식 계획은 정확한 이해가 필요합니다.

1 식민 통치 기구

1. **조선 총독부** : 일제 식민 통치의 중추 기관
   ❶ 총독의 권한 : 모든 권력
   ❷ 총독의 지위 : 현역 일본군 대장 중에서 임명 ➡ 일본 국왕에 직속

2. **중추원** : 총독의 자문 기구(친일파로 구성)

2 무단 통치기(1910년대)의 정책

1. **헌병 경찰제** : 즉결 처분권(범죄 즉결례, 1910), 조선 태형령(1912), 헌병 사령관이 경무총감 임명, 경찰범 처벌 규칙

2. **위협적인 통치** : 관리와 교원들까지 제복과 칼 착용

3. **언론 · 출판 · 집회 · 결사의 자유 박탈** : 모든 신문과 단체 등을 해산시킴

4. **민족 운동 탄압** : 안악 사건, 105인 사건(신민회 해산) ➡ 평안도, 기독교 탄압

3 무단 통치기의 경제 수탈

1. **토지 조사 사업(1912~1918)**
   ❶ 명분 : 토지세의 안정적 확보와 토지 약탈 의도
   ❷ 진행 과정 : 토지 조사령 공포(1912)
   ❸ 신고주의 채택 : 복잡한 서류를 정해진 기일 내에 신고해야 소유권을 인정하는 기한부 신고제 채택

❹ 결과
㉠ 토지 상실 : 기한 내 미신고, 왕실 · 공공 기관 및 마을 · 문중의 공유지 등은 신고 주체가 애매하여 총독부에 귀속
㉡ 토지 약탈 : 동양 척식 주식회사나 일본인 지주에게 불하
㉢ 식민지 지주제 강화(소작농의 권리 약화) : 소작농의 경작권 · 입회권(공동 이용권) · 도지권(부분 소유권) 불인정(토지에 대한 권리 단순화-소유권만 인정) ➡ 기한부 계약제 소작농으로 전락 ➡ 만주, 연해주, 일본 등지로 이주
㉣ 총독부의 지세 수입 증가

2. 산업 침탈 ➡ 물자 수탈과 일본 상품 수출의 기반 확보

❶ 회사령(1910) : 회사의 설립은 총독의 허가를 받게 함
❷ 전매제 : 인삼 · 소금 · 담배를 총독부에서 전매
❸ 금융 독점 : 농공은행 설치 ➡ 산업 경제 활동 통제
❹ 기타 : 삼림령(1911), 어업령(1911, 허가제), 은행령(1912), 조선 광업령(1915, 허가제), 임야 조사령(1918), 조선 식산 은행(1918)
❺ 기간 시설 정비 : 철도 · 도로(도로 규칙, 1911), 항만 등의 정비

TiP 정책의 순서 : ㉬㉫㉮㉰㉭㉯ (회삼어토광임)

4 문화 통치기(1920년대)의 정책

1. 배경 : 3 · 1 운동, 세계 여론의 악화

2. 문화 통치의 실상 : 우리 민족에 대한 이간 · 분열책

❶ 문관 총독 임명 가능 ➡ 문관이 총독에 임명된 적이 한 번도 없었음
❷ 보통 경찰 제도 실시 ➡ 경찰의 수 및 장비 등 증가, 치안 유지법(1925) 제정, 고등 경찰제(독립운동가와 사회주의자 전담) 시행
❸ 언론 · 출판 · 집회 · 결사의 자유 허용 : 동아일보, 조선일보 간행 허용(1920) ➡ 사실상 검열과 삭제 강화, 친일 단체의 양산
❹ 교육 기회 확대 ➡ 초등 학문과 기술 분야의 교육만 확대, 제2차 조선 교육령(1922), 경성 제국 대학 설립(1924)
❺ 참정권의 확대 ➡ 도 평의회와 부 · 면협의회(의결권이 없음)

5 문화 통치기의 경제 수탈

1. 산미 증식 계획(1920~1934)

❶ 배경 : 제1차 세계 대전 이후 공업화에 따른 일본의 식량 부족
➡ 쌀값 폭등으로 인한 경제 위기

❷ 내용 : 토지 개량과 수리 시설 개선, 종자 개량 등으로 식량 증산
㉠ 증산 목표는 미달, 수탈 계획은 목표대로 이행
㉡ 조선 내 곡물 가격 폭등 ➡ 만주에서 잡곡(조, 수수)을 수입하여 공급
㉢ 수리 조합비, 비료 대금, 곡물 운반비 등을 농민에게 전가
㉣ 농민 몰락 ➡ 화전민이 되거나 만주, 일본 등지로 이주
㉤ 1930년대에 일본 본토 농업 발전을 위해 중단

2. 일본 자본의 조선 침투

❶ 회사령 철폐(1920) : 회사 설립 요건을 허가제에서 신고제로 완화 ➡ 일본 독점 자본의 한국 진출을 용이하게 하려는 목적

❷ 일본 상품의 관세 철폐(1923) : 일본 상품 수출 증대 ➡ 한국 기업의 피해

❸ 신은행령(1928) : 자본금 200만 원 이상의 주식회사로 은행업 한정 ➡ 한국인 소유 은행 강제 합병

6 민족 말살 통치기(1930년대 이후)의 정책

1. **배경** : 대공황으로 일본 경제의 악화 ➡ 일제의 대륙 침략 본격화[만주 사변(1931), 중 · 일 전쟁(1937)] ➡ 우리 민족을 침략 전쟁에 동원하기 위해 황국 신민화 정책 추진

2. **민족 말살 정책** : 내선일체, 일선 동조론, 황국 신민 서사 암송, 궁성 요배, 신사 참배, 조선 사상범 보호 관찰법, 우리말 사용 금지(1938), 제3차 조선 교육령(1938), 일본식 성명 강요(1939), 경방단 규칙(소방), 국민 총력 조선 연맹, 조선일보 · 동아일보 폐간(1940), 조선 사상범 예비 구금령, 소학교의 명칭을 국민학교로 변경(1941)

7 1930년대의 경제 수탈(중 · 일 전쟁 이전)

1. 병참 기지화 정책

❶ 경제 공황 극복을 위해 침략 전쟁 확대 ➡ 전쟁 수행에 필요한 물자 생산 필요 ➡ 한국을 대륙 침략의 병참 기지로 만들기 위해 공업화 추진

❷ 군수 생산에 필요한 중화학 공업과 광공업 부분에 집중 ➡ 생산품의 대부분이 일본으로 수출되는 군수 공업 원료

❸ 공업 발전의 지역 편중 : 북부 지역에 중화학 공업 시설 집중

2. **남면북양 정책** : 세계 경제 공황 이후 선진 자본주의 국가들의 보호 무역 정책 ➡ 남부 지방은 면화 재배, 북부 지방은 양을 기르도록 강요

3. **농촌 진흥 운동(1932~1940)**
   ❶ 배경 : 농민층의 불만을 회유하기 위해 농촌 진흥 운동 실시
   ❷ 내용과 결과
      ㉠ 조선 소작 조정령(1932), 조선 농지령(1934), 조선 소작령(1934) 시행
      ㉡ 대출의 확대
      ㉢ 결과 : 농가 부채 증가

8 중 · 일 전쟁 이후 전시 수탈의 심화

1. **인적 · 물적 자원 수탈**
   ❶ 배경 : 중 · 일 전쟁(1937) 도발 등 본격적인 대륙 침략으로 인한 인력과 자원 부족 ➡ 국가 총동원법(1938)의 시행으로 인적 · 물적 자원 통제 및 수탈 강화 ➡ 태평양 전쟁(1941)으로 극심해짐
   ❷ 인적 자원 수탈
      ㉠ 국민 징용법(1939)
      ㉡ 육군 특별 지원병제(1938), 학도 지원병제(1943), 징병제(1943)
      ㉢ 여자 정신 근로령(1944)
   ❸ 전시 물자의 수탈
      ㉠ 중요 산업 통제법(1937)
      ㉡ 산미 증식 계획 재개(1939), 식량 배급(1940) 및 미곡 공출제, 가축 증식 계획(소)
      ㉢ 총동원 물자 수용령(1939) : 공출
   ❹ 기타 : 근로 보국대, 국민 총력 운동

2. **생활의 변화** : 국민복과 몸뻬를 장려, 배급제와 공출로 심각한 식량 부족이 빚어짐

압축
파일

82 무단 통치기 국내 비밀 결사

이렇게 공부합시다!

- 독립 의군부와 대한 광복회를 비교하세요.
- 다른 단체는 이름 정도만 알아두세요.

1 의병 항전의 지속

1. 남한 대토벌 작전 등 ➡ 만주, 연해주로 이동

2. 마지막 의병장 채응언

2 항일 비밀 결사 활동

구분	활동
독립 의군부 (1912~1914)	• 의병장 임병찬이 고종의 밀지를 받고 조직 • 전라도 중심 활동 • 목표 : 조선 왕조 회복, 고종 복위(복벽주의) • 조선 총독부와 일본 정부에 한국 침략의 부당성을 밝히고 국권 반환 요구서 제출
대한 광복회 (1915)	• 군대식 조직으로 총사령에 박상진, 부사령에 김좌진 • 국권 회복, 민주 공화국 수립 • 군자금 마련 ➡ 만주에 독립군 사관 학교 설립 • 대구 · 경북 지역을 중심으로 활동 • 친일파 처단과 식민 통치 기관 공격
기타	조선 국권 회복단, 송죽회(평양 숭의 여학교)

압축 파일

83 무단 통치기 해외 독립운동 단체

이렇게 공부합시다!

- 지역별로 기억하세요.
- 특히 만주와 연해주의 단체들을 잘 기억하세요.

1 만주 지역 : 해외 독립군 기지 개척

1. **남만주(서간도)** : 신민회가 개척한 삼원보 중심
   - ❶ 경학사(1911) ➡ 부민단 ➡ 한족회 ➡ 서로 군정서 설립
   - ❷ 신흥 강습소(1911) ➡ 신흥 무관 학교(1919) 설립

2. **북간도** : 명동촌 · 용정촌 중심
   - ❶ 간민회(한인 자치 단체)
   - ❷ 중광단(➡ 북로 군정서) : 대종교 계열
   - ❸ 서전서숙, 명동학교 설립(이상설)

3. **북만주** : 한흥동(이상설)

2 연해주 : 블라디보스토크의 신한촌 중심

1. 한민회(해조신문 발행), 13도 의군(유인석 · 홍범도)

2. 성명회(이상설), 권업회(이상설)

3. **대한 광복군 정부(1914)** : 블라디보스토크 신한촌의 권업회가 이상설과 이동휘를 정 · 부통령으로 하여 조직 ➡ 전로 한족회 중앙 총회

4. **한인 사회당(이동휘, 1918)** : 하바로프스크에서 결성

5. **대한 국민 의회(1919)** : 3 · 1 운동 이후 블라디보스토크에 수립

3 중국 관내

1. **동제사(신규식 · 박은식 · 신채호)** : 대종교 계열, 박달학원 설립

2. **신한 혁명당(신규식 · 박은식 중심)** : 공화주의(대동단결 선언, 1917)

3. **대동 보국단(신규식 · 박은식)** : 잡지 '진단' 발행

4. **신한 청년당(상하이, 1918)** : 파리 강화 회의에 김규식을 파견

4 미주

1. **대한인 국민회(1910)** : 박용만, 안창호, 이승만 등이 결성

2. 흥사단(안창호)

3. 대조선 국민군단(박용만, 하와이, 1914)

4. 숭무 학교(멕시코)

5 일본 : 조선 청년 독립단(2 · 8 독립 선언, 1919)

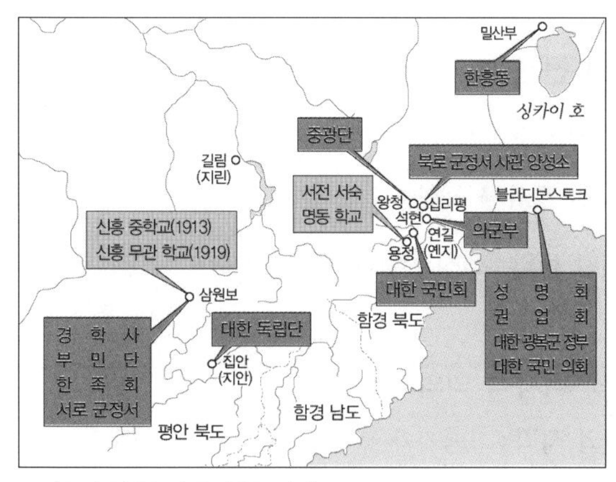

◆ 만주와 연해주의 독립운동 단체

84 3·1 운동

이렇게 공부합시다!

- 배경과 의의가 중요합니다.
- 전개 과정은 대략적으로 파악하세요.

1 3·1 운동의 태동

1. **국제 정세 변화**: 윌슨의 민족 자결주의(1919)

2. **국외의 독립운동**
   ❶ 대동단결 선언(1917): 공화주의적 임시 정부 수립 표방
   ❷ 파리 강화 회의에 대표 파견: 신한 청년당이 김규식을 파견
   ❸ 독립 선언
      ㉠ 무오(대한) 독립 선언(1918): 만주
      ㉡ 2·8 독립 선언(1919): 도쿄, 조선 독립 청년단
   ❹ 고종의 독살설(1919. 1.)로 반일 감정 고조

2 3·1 운동의 전개

1. **독립 선언서 낭독**: 민족 대표 33인(태화관), 학생들(탑골 공원)

2. **전개 과정**: 비폭력주의 ➡ 농민층이 가세하면서 무력 저항이 늘어남 ➡ 해외로의 확산

3. **일제의 무자비한 탄압**: 화성 제암리 학살 사건 등

3 3·1 운동의 역사적 의의

1. **노동자와 농민의 자각**: 노동자와 농민의 참여 ➡ 1920년대 노동·농민 운동에 영향

2. **임시 정부 수립 계기**: 민족 독립운동을 조직화·체계화할 필요성 대두

3. **일제 식민 통치 방식에 변화**: 무단 통치 ➡ 문화 통치

4. **세계 민족 해방 운동에 기여**: 중국의 5·4 운동(1919) 등에 영향

압축 파일

85 대한민국 임시 정부

이렇게 공부합시다!

- 시기별 임시 정부의 활동을 기억하세요.
- 1940년대 임시 정부의 활동은 순서대로 꼭 기억하세요!

1 임시 정부의 수립

1. 각지에 수립된 임시 정부

❶ 연해주 대한 국민 의회(1919. 3.) : 손병희를 대통령으로 추대
❷ 상하이 대한민국 임시 정부(1919. 4.) : 이승만 국무총리
❸ 서울 한성 정부(1919. 4.) : 13도 대표 명의로 집정관 총재 이승만, 국무총리 이동휘

2. 임시 정부의 통합(1919. 9.) : 상하이 중심론(외교 중시)과 만주안(무력 투쟁 중시)의 대립
➡ 상하이에 정부를 두고 한성 정부의 법통을 계승하기로 합의

3. 임시 정부의 조직 : 대통령 중심제의 3권 분립(임시 의정원 출범 ➡ 국무원, 법원)에 기초한 정부(대통령 이승만, 국무총리 이동휘)

2 임시 정부의 초기 활동

1. 연통제 : 비밀 행정 조직망

2. 교통국 : 통신 기관 ➡ 정보의 수집·분석·교환·연락 업무 담당

3. 군자금 조달 : 이륭 양행, 백산 상회, 애국 공채, 국민 의연금 등

4. 군사 활동 : 상하이에 육군 무관 학교 설립, 광복군 사령부, 광복군 총영, 육군 주만 참의부, 서로·북로군정서

5. 외교 활동

❶ 김규식을 파리 강화 회의에 파견 ➡ 독립 청원서 제출
❷ 이승만의 구미 위원부(미국)
❸ 소련과 교섭(공수 동맹) : 독립군 양성 지원금 조달

6. 문화 활동 : 사료 편찬소, 독립신문

3 국민 대표 회의(1923)

1. **과정**: 임시 정부의 침체, 노선 갈등(**무장 투쟁론 vs 외교론의 갈등**) ➡ 외교 노선에 비판적인 신채호, 박은식 등이 미국에 위임 통치를 청원한 이승만에 대한 불신임과 함께 회의 요구 ➡ 창조파(**신채호, 박용만**)와 개조파(**안창호, 여운형**)의 대립 ➡ 현상 유지파(**김구**) 등장, 박은식을 2대 대통령으로 추대(1925) ➡ 국무령 체제로 개헌(1925)

2. **결과**: 임시 정부의 침체기가 시작됨

4 한인 애국단

1. **결성**: 임시 정부 활동의 침체와 사기 저하, 만보산 사건으로 중국 내 반한 감정의 격화 ➡ 임시 정부의 활로를 찾기 위해 조직(1931)

2. **활동과 결과**
   ❶ 이봉창의 일본 국왕 투탄 의거(1932) ➡ 상하이 사변
   ❷ 윤봉길의 홍커우 공원 의거(1932)
      ㉠ 임시 정부를 중국 국민당 정부가 인정하고 지원하는 계기가 됨
      ㉡ 일제의 탄압을 피해 임시 정부의 수도가 이동하게 됨

5 충칭 정착 이후의 임시 정부

1. **건국 준비 활동**: 충칭 정착(1940) 이후 왕성한 건국 준비 활동, 1936년에 창당한 한국 국민당을 이끈 김구가 주도
   ❶ 한국 독립당으로 민족주의 진영 통합(1940. 5. **지청천의 조선 혁명당+조소앙의 한국 독립당+김구의 한국 국민당**), 한국 광복군 창설(**지청천**, 1940. 9.), 주석제로 개헌(1940), 삼균주의(**조소앙**, 1941)에 입각한 건국 강령 제정, 일본에 선전포고(1941)
   ❷ 김원봉, 김규식 등의 조선 의용대·조선 민족 혁명당 당원들을 영입(1942), 주석·부주석제로 개헌(1944)
   ❸ **국내 진입 작전 계획**: 미국 OSS와 협조하여 9월 작전 계획 중 일본의 항복으로 무산

🗁 임시 정부의 지도 체제 변천 과정

구분	연도	정부 형태	정부 수반	위치
제1차	1919년	대통령 중심제(3권 분립)	이승만	상하이
제2차	1925년	국무령 중심의 내각 책임제	이동녕 등	
제3차	1927년	국무 위원 중심의 집단 지도 체제	국무 위원	중국 각지로 이동(1932~1940)
제4차	1940년	주석 중심 지도 체제	김구	충칭
제5차	1944년	주석·부주석 지도 체제	김구·김규식	

압축 파일

86 국내 학생 의거

이렇게 공부합시다!

6 · 신 · 광의 원칙을 기억하세요.

1 6 · 10 만세 운동(1926)

1. **성격**: 사회주의 계열과 민족주의 계열이 함께 전개한 항일 민족 운동

2. **전개**: 사회주의 세력과 천도교 세력, 학생 중심으로 만세 시위 전개 계획 ➡ 사전 발각 ➡ 순종의 인산일을 기점으로 학생들의 주도로 진행

3. **의의**
   ❶ 학생들이 독립운동의 주체로 부상
   ❷ 독서회 · 비밀 결사 형태의 학생 운동이 대중 차원의 항일 민족 운동으로 발전
   ❸ 민족 유일당 운동의 신호탄

2 광주 학생 항일 운동(1929. 11. 3.)

1. **배경**
   ❶ 학생들의 비밀 단체 조직: 성진회 · 독서회 중앙 본부 등
   ❷ 차별적인 식민지 교육에 대한 반발
   ❸ 신간회 결성으로 민족적 자각 고양

2. **발단**: 일본 남학생의 한국 여학생 희롱 사건, 양국 학생의 충돌 ➡ 일본 경찰의 민족 차별적 조치

3. **경과**: 광주에서 시작, 전국으로 확산 ➡ 신간회의 진상 조사단 파견 등 민족 투쟁으로 발전

4. **의의**: 3 · 1 운동 이후에 일어난 최대의 전국적 민족 운동

87 의열단, 여러 의거 단체들

이렇게 공부합시다!

의열단 결성과 이후의 행적까지 시간의 흐름대로 기억하세요!

1 의열단

1. **결성** : 1919년 만주 길림에서 신흥 무관 학교 출신 김원봉과 윤세주를 중심으로 결성된 비밀 결사

2. **활동 목표** : 의열 투쟁에 근거한 민중의 직접 혁명(신채호의 조선 혁명 선언, 1923)

3. **활동**
   ❶ 박재혁 : 부산 경찰서 폭탄 투척
   ❷ 김익상 : 조선 총독부 폭탄 투척, 황포탄 의거(상하이 황포탄에서 일 육군 대장 다나카 저격)
   ❸ 김상옥 : 종로 경찰서 폭탄 투척
   ❹ 김지섭 : 도쿄 궁성 폭탄 투척
   ❺ 나석주(1926) : 동양 척식 주식회사 및 식산 은행 폭탄 투척

4. **의열단의 확대 · 발전(김원봉을 중심으로)**
   중국 국민당 산하 황포 군관 학교에 단원 파견(1926)
   ➡ 조선 혁명 간부 학교 설립(1932)
   ➡ 민족 혁명당 결성(1935)
   ➡ 한커우에서 중국 관내 최초의 무장 조직인 조선 의용대 설립(1938)
   ➡ 대한민국 임시 정부에 합류(1942)

2 기타 단체

1. **대한 노인단** : 강우규가 사이토 총독 암살 시도(1919)

2. **다물단** : 베이징에서 일제 밀정 처단

3. **박열** : 무정부주의, 일본 국왕 폭살 시도(1923)

4. **조명하** : 대만에서 일본 육군 대장 처단

5. **대한 애국 청년단** : 경성 부민관 폭탄 투척(1945. 7.)

압축 파일

88 무장 투쟁

이렇게 공부합시다!

- 자나 깨나 순서와 특징입니다!
- 1920년대 & 1930년대 초반 & 1930년대 후반~1940년대로 구분해서 순서를 파악하시는 것이 편합니다.

1 봉오동 전투(1920. 6.)

1. **배경** : 대한 독립군의 국내 진입 작전 전개
2. **전개** : 일본군의 독립군 추격 ➡ 대한 독립군(홍범도), 군무 도독부군(최진동), 국민회군(안무) 등의 연합 부대가 봉오동에서 일본군 대파

2 청산리 대첩(1920. 10.)

1. **배경** : 일제가 훈춘 사건을 조작하여 대규모 부대를 만주로 보내 독립군을 포위
2. **전개** : 북로 군정서군(김좌진), 대한 독립군(홍범도) 등의 연합 부대가 청산리 지역에서 일본군 대파(백운평, 천수평, 어랑촌, 고동하 전투 등) ➡ 독립군 항전 사상 최대의 승리(사상자 3천여 명)

3 독립군의 시련

1. **간도 참변(1920)** : 일제가 간도 지역의 동포들을 무차별 학살
2. **독립군의 이동** : 독립군 주력 부대들이 소련·만주 국경 지대의 밀산부에 집결 ➡ 서일을 총재로 대한 독립군단의 조직(1920) ➡ 소련 영토로 이동
3. **자유시 참변(1921)** : 독립군 내부의 주도권 다툼 ➡ 소련 적색군의 공격으로 다수의 사상자 발생

4. **3부의 성립** : 민정 기관(자치 행정)과 군정 기관(군사 훈련, 작전 담당)을 갖춤
   ❶ 참의부(1923, 압록강 연안, 임시 정부의 직할)
   ❷ 정의부(1924, 남만주 일대)
   ❸ 신민부(1925, 북만주 일대)
   Cf 통의부 : 1922년 서간도에서 조직된 무장 독립운동 연합 단체, 이후 정의부로 개편

5. **미쓰야 협정(1925)** : 일제가 독립군을 탄압하기 위해 만주 군벌과 맺은 협정 ➡ 독립군 활동 위축

6. **3부 통합 운동** : 1920년대 후반 독립운동 단체의 통합 모색
   ❶ 국민부(남만주) : 조선 혁명당(1929)과 조선 혁명군(양세봉)
   ❷ 혁신 의회(북만주) : 한국 독립당(1930)과 한국 독립군(지청천)

4 조선 혁명군과 한국 독립군의 활동

1. **배경** : 만주 사변(1931)으로 일제가 만주 장악

2. **한 · 중 연합 작전**
   ❶ 양세봉의 조선 혁명군(남만주) : 중국 의용군과 연합
   ➡ 영릉가 전투, 흥경성 전투
   ❷ 지청천의 한국 독립군(북만주) : 중국 호로군과 연합
   ➡ 쌍성보 · 경박호 · 사도하자 · 동경성 · 대전자령 전투에서 승리

3. **한 · 중 연합 작전의 위축**
   ❶ 일본군의 대토벌 작전, 양세봉 피살(1934) 후 조선 혁명군 약화
   ❷ 임시 정부가 독립군의 이동을 요청 ➡ 중국 관내로 이동

5 민족 혁명당(1935)

1. 의열단 계열(김원봉) + 조선 혁명당(지청천) + 한국 독립당(조소앙)

2. 김구(임시 정부)의 불참, 지청천 · 조소앙의 이탈(김구에게 가버림)

6 조선 의용대(1938)

1. **결성** : 김원봉이 김규식과 함께 조선 민족 전선 연맹 결성(1937)
   ➡ 중국 국민당의 협조로 조선 의용대 편성(한커우, 1938)

2. **1940년대** : 김원봉과 김규식 등의 민족주의자들은 충칭에 있는 임시 정부와 한국 광복군에 합류(1942), 사회주의자들은 화북 지방으로 이동하여 옌안에 있는 조선 독립 동맹 산하의 조선 의용군(1942)에 합류

7 조선 독립 동맹과 조선 건국 동맹

1. **조선 독립 동맹(1942)** : 사회주의 계열, 김두봉 주석, 옌안에 본거지를 두고 조선 의용군을 운영(중국 공산당 팔로군과 동조)

2. **조선 건국 동맹(1944)** : 여운형이 주도, 사회주의 + 민족주의의 좌우 합작의 국내 비밀 결사

TiP 1920년대 : ㉯봉 훈 청 간 대 자 3 미 통
1930년대~ : 한 조 조 한 조

압축 파일

89 다양한 사회 운동

이렇게 공부합시다!

- 다양한 사회 운동의 특징과 활동 시기를 잘 기억하세요.
- 실력 양성 운동, 신간회가 가장 중요합니다.

1 사회주의 사상의 유입

1. **사회주의 사상의 수용** : 3·1 운동 이후 국내에 유입

2. 조선 공산당의 결성(1925) ➡ 해체(1928)

2 실력 양성 운동

1. **물산 장려 운동**

❶ 배경 : 관세 철폐(1923) 분위기로 민족 자본의 위기 심화

❷ 전개

㉠ 조선 물산 장려회 결성(1922) : 조만식을 중심으로 평양에서 결성, 서울로 확대 ➡ 전국에 지부 설치

㉡ 내용

ⓐ 토산품 애용 ➡ '내 살림 내 것으로', '조선 사람 조선 것으로'

ⓑ 근검, 저축, 금주, 단연 등의 생활 개선 운동도 함께 추진

❸ 쇠퇴

㉠ 상인과 자본가들에 의해 토산물 가격 상승 결과 낳음

㉡ 사회주의 계열이 자본가 계급만을 위한 운동이라고 비난

2. **민립 대학 설립 운동(조선 교육회, 1920)** : 이상재를 중심으로 민립 대학 기성회 조직(1922) ➡ '한민족 1천만이 한 사람 1원씩' ➡ 가뭄과 수해로 모금 부진, 경성 제국 대학 설립(1924)으로 좌절

3. 문맹 퇴치 운동

❶ 배경 : 일제의 식민지 차별 교육으로 문맹자 증가

❷ 조선어 학회와 조선일보의 문자 보급 운동(1929~1934) : 방학 때 귀향 학생들을 중심으로 전개 ➡ '아는 것이 힘이다. 배워야 산다.', '가르치자 나 아는 대로'라는 구호, 『한글원본』 배포

❸ 동아일보의 브나로드 운동(1931~1935) : 학생들의 도움을 얻어 한글 교육, 미신 타파, 구습 제거 등 농촌 계몽 운동 전개

3 다양한 사회 운동

1. 청년 · 소년 운동

❶ 조선 청년 총동맹(1924) : 청년계의 민족 유일당으로 조직

❷ 소년 운동(방정환) : 천도교 소년회(1921), 조선 소년 연합회(1927)

2. 여성 운동과 형평 운동

❶ 근우회(1927) : 여성계 민족 유일당 ➡ 1931년에 해체

㉠ 배경 : 신간회 결성

㉡ 활동 : 기관지 '근우' 발간, 여성 의식 계몽(토론회, 강연회 등), 노동 · 농민 운동에 참여

❷ 조선 형평사(1923)

㉠ 경남 진주에서 조직, 전국적 조직 체계 갖춤

㉡ 백정에 대한 사회적 차별 철폐와 백정 자녀의 교육 문제 해결 촉구

4 농민 운동과 노동 운동

1. 농민 운동

❶ 1920년대 : 소작권 이전 반대나 고율 소작료 인하 등의 생존권 투쟁

❷ 1930년대 : 식민지 수탈 정책에 대항하는 혁명적 조합 운동, 항일 민족 운동으로 변모

❸ 대표적 소작 쟁의 : 암태도 소작 쟁의(1923) ➡ 소작료 인하 성공

❹ 전국 규모의 단체 : 조선 노 · 농 총동맹(1924)

2. 노동 운동

❶ 1920년대(합법적 노동 운동) : 임금 인상, 노동 시간 단축, 불안전한 작업 환경 개선 요구 ➡ 노동자의 생존권 투쟁

❷ 1930년대(비합법적 투쟁) : 반제 항일 민족 운동 전개

❸ 대표적 노동 쟁의 : 원산 노동자 총파업(1929) ➡ 실패

5 신간회(1927~1931)

1. 출범 배경

❶ 자치 운동(타협적 민족주의)의 대두 : 비타협적 민족주의의 위기
❷ 6·10 만세 운동 : 사회주의계와 민족주의계 간의 공감대 형성
❸ 조선 민흥회(1926) : 사회주의 + 민족주의의 연대 조직
❹ 코민테른 : 민족주의자들과의 연대를 권유함
❺ 치안 유지법 ➡ 정우회 선언(1926)
❻ 만주에서의 3부 통합 운동
❼ 중국의 국·공 합작
❽ 한국 독립 유일당 북경 촉성회(안창호, 1926)

2. 성립

❶ 회장에 이상재, 부회장에 홍명희 ➡ 전국 각지에 지회 설립
❷ 개인 자격으로만 가입 가능
❸ 강령 : 정치·경제적 각성을 촉구함, 단결을 공고히 함, 기회주의를 일체 부인함

3. 활동

❶ 민중 계몽과 대중 운동 지원
❷ 광주 학생 항일 운동 지원 : 조사단 파견, 민중 대회를 계획하다 사전에 발각되어 지도부 검거

4. 해체(1931)

❶ 일제의 탄압과 내부의 대립 : 새로운 지도부의 타협적 합법 운동 주장에 대한 지회(사회주의자가 다수)의 반발 ➡ 사회주의자들의 이탈(해소를 주장)
❷ 코민테른의 노선 변화 : 민족주의 세력과의 제휴에 부정적

5. 의의 : 사회주의 세력과 비타협적 민족주의 세력이 결성한 최대 규모의 합법적 민족 협동 단체

압축 파일

90 식민지의 삶

이렇게 공부합시다!

- 일제 강점기의 다양한 삶의 양상을 파악하되, 너무 깊이는 안들어가도 됩니다.
- 중앙아시아 강제 이주를 잘 살펴보세요.

1 대중의 일상생활

1. **도시화의 진행**

2. **의식주 생활** : 서양식 복장 확산, 1940년대 이후 몸뻬와 국민복을 일제가 강요, 일제의 쌀 수탈로 쌀 대신 잡곡 소비의 증가, 조미료와 서양식 음식의 확산, 문화 주택(상류층), 영단 주택(서민 주택), 개량 한옥, 토막집(빈민층) 등의 등장, 상류층들의 화려한 삶을 '모던 보이와 모던 걸'로 부름

2 해외 이주 동포의 시련

1. **만주** : 간도 참변(1920), 만보산 사건(1931)

2. **연해주** : 중·일 전쟁을 빌미로 스탈린이 중앙아시아로 한국인을 강제 이주(1937)시킴

3. **일본** : 관동 대지진(1923) 때의 조선인 학살, 중·일 전쟁 이후의 강제 징용

3 교육과 언론

1. 식민지 교육 정책

구분	내용
제1차 교육령 (1911)	• 사립 학교 축소 • 소학교의 수업 연한 단축(일본인 6년, 조선인 4년) • 대학 교육 미실시
제2차 교육령 (1922)	유화 정책 • 보통 교육 연장(6년)과 학교 수 증대, 대학 교육 실시 • 조선어를 필수 과목으로 지정, 조선 역사와 지리 교육 실시
제3차 교육령 (1938)	• 황국 신민화 교육 강화 • 조선어를 사실상 폐지(수의 과목) • 보통학교 ➡ 심상 소학교 • 국민학교(1941)
제4차 교육령 (1943)	• 조선어 사용 금지 • 토목 공사와 전쟁 물자 채집에 동원

2. 민족 교육 탄압

❶ 사립 학교 규칙(1911 ➡ 1915) : 민족주의 계열 사립 학교를 탄압

❷ 서당 규칙(1918) : 서당 설립을 허가제로 바꿈

3. 식민지 언론 정책

❶ 1910년대 : 신문지법의 적용(허가, 검열)으로 암흑 시대

❷ 3·1 운동 이후 : 조선일보, 동아일보, '개벽' 등의 발행을 허가

❸ 1930년대 이후 : 언론에 대한 탄압 및 폐간 강요 ➡ 베를린 올림픽 손기정 선수 일장기 말소 사건(1936), 조선일보·동아일보 폐간(1940)

압축 파일

91 종교, 국어, 역사학, 문학과 예술

이렇게 공부합시다!

- 일제 통치 시기와 연관지어 파악하세요.
- 역사학이 특히 중요합니다.

1 종교

1. **천도교** : 3 · 1 운동의 주도적 역할, 2차 3 · 1 운동 계획, 대중 운동과 문화 운동에 힘씀, 『개벽』 · 『신여성』 · 『어린이』 등의 잡지 간행
2. **대종교** : 무장 독립운동 전개(중광단 ➡ 북로 군정서)
3. **개신교** : 안악 사건 · 105인 사건 등을 날조하여 탄압, 신사 참배 거부로 탄압당함, 의료 · 교육 분야 활동
4. **천주교** : 대한 의민단, 잡지 『경향』 간행, 고아원 · 양로원 활동
5. **불교** : 조선 불교 유신회(한용운, 1921) 조직 ➡ 사찰령 폐지 운동
6. **원불교** : 박중빈을 중심으로(1916) 새생활 운동 전개

2 국어 연구와 한글 보급

1. **조선어 연구회(1921)** : 이윤재, 최현배 등이 중심, 한글날(가갸날) 제정, 한글 잡지 간행
2. **조선어 학회(1931)** : 조선어 연구회 계승 · 발전, 한글 맞춤법 통일안과 표준어 제정, 잡지 한글 간행, 우리말 큰 사전 편찬 준비 ➡ 조선어 학회 사건(1942)으로 해체

3 역사학

1. **민족주의 사학**

❶ 박은식 : 현대사

㉠ 『한국통사』(1915), 『한국독립운동지혈사』(1920) 저술

㉡ 민족정신을 '혼(신명)'으로 파악

❷ 신채호 : 고대사 연구에 주력
  ㉠ 『조선상고사』(1931) : 역사를 ‘아’와 ‘비아’의 투쟁으로 파악
  ㉡ 『조선사연구초』(1925) : 묘청의 서경 천도 운동을 ‘조선 역사상 일천년래 제일대사건’으로 평가
  ㉢ 낭가 사상 강조
❸ 조선학 운동 : 정인보(얼, 『조선사연구』), 문일평(조선심, 『대미 관계 50년사』, 『조선사화』), 안재홍(『조선상고사감』) 등이 추진한 『여유당전서』(정약용 문집) 편찬 사업

2. 사회 · 경제 사학

❶ 사회주의적 유물 사관으로 한국사의 발전 과정 연구, 보편성 강조
❷ 백남운 : 『조선사회경제사』, 『조선봉건사회경제사』 ➡ 한국사의 발전 과정을 변증법적 역사 발전 법칙(세계사적 보편 법칙)에 맞추어 서술 ➡ 식민 사관의 정체성론을 비판

3. 실증 사학

❶ 고증을 통해 있었던 사실을 객관적으로 밝히려 함(랑케 사학)
❷ 진단 학회(1934) : 이병도 · 손진태 등이 조직, 『진단 학보』 발간

4. 신민족주의 사학 : 안재홍, 손진태

4 문학

1. 1910년대 문학 : 최남선(신체시 발표), 이광수(소설 ‘무정’)

2. 1920년대 문학 : 동인지(창조, 폐허, 백조 등), 신경향파(사회주의 문학), 김소월의 서정시, 한용운과 심훈, 이상화 등의 저항시

3. 1930년대 이후 문학(중 · 일 전쟁 이후)

❶ 일제에 협력하거나 순수 문학을 추구
❷ 강렬한 저항 의식의 작품 활동 : 윤동주, 이육사, 한용운

5 예술

1. 미술 : 이중섭의 ‘소’ 그림, 안중식(동양화), 고희동(서양화), 나혜석

2. 연극 : 토월회(1923), 극예술 연구회 활동

3. 영화 : 조선 키네마 주식회사 설립(1924), ‘아리랑’(나운규, 1926) ➡ 일제의 조선 영화령(1940)

4. 문화재 보존 : 전형필(간송 미술관)

압축
파일

92 미군정기

이렇게 공부합시다!

- 여운형, 안재홍, 김규식, 김구, 이승만 등은 단독 출제가 가능합니다.
- 미군정기의 역사적 전개 과정을 순서대로 파악하세요.

1 광복 직후 국내 정치 세력

구분	박헌영	여운형	안재홍
경력	조선 공산당	상하이 임정 참여, 조선 건국 동맹, 건준위 주도	신간회, 건준위 부위원장
정당	조선 공산당, 남조선 노동당(남로당)	조선 인민당(근로 인민당)	조선 국민당
목표 특징	공산주의	중도 좌파, 좌·우 합작 운동 주도	중도 우파(신민족주의), 좌·우 합작 운동
토지 개혁	무상 몰수, 무상 분배	무상 몰수, 무상 분배	무상 몰수
친일파 처리	즉시 처단	즉시 처단	즉시 처단

구분	김규식	김구	이승만	김성수
경력	파리 강화 회의 대표, 임시 정부 외무총장, 임시 정부 부주석	동학, 의병 활동, 대한민국 임시 정부 주석	임시 정부 초대 대통령, 외교 운동(미국)	동아일보 사장, 자치론 주장
정당	민족 자주 연맹	한국 독립당(한독당)	대한 독립 촉성 국민회(독촉)	한국 민주당(한민당)
목표 특징	중도 우파, 좌·우 합작 주도	우익, 반탁, 임정 계승을 주장	극우, 반공, 반탁, 국내 기반 취약	건준과 인공 반대, 미군정에 적극 협조, 임정 추대(극우)
토지 개혁	무상 몰수	무상 몰수, 국유화	유상 몰수, 유상 분배	유상 몰수, 유상 분배
친일파 처리	즉시 처단	즉시 처단	처단 반대	처단 반대

2 대한민국 정부 수립 과정

❶ 카이로 회담(1943, 적당한 시기에 독립을 시켜 줌)

❷ 얄타 회담(1945. 2. 소련의 대일전 참전)

❸ 포츠담 회담(1945. 7. 일본의 무조건 항복, 카이로 재확인)

❹ 8·15 광복 / 조선 건국 준비 위원회 결성(여운형과 안재홍 등이 주도, 전국에 지부를 설치하고 정부 수립 이전 과도기의 치안을 관리)

❺ 조선 인민 공화국 선포(1945. 9. 6. 중도 세력에 박헌영 등의 극좌 세력이 가세, 이승만, 김구 등의 명망가들을 정부 명단에 넣었으나 좌익의 득세를 우려한 우익 세력들의 불참여와 이탈 속출)

❻ 미군정 실시(1945. 9. 8.)

❼ 한국 민주당 결성(1945 9. 16.)

❽ 이승만의 귀국(1945. 1o. 16.)

❾ 김구의 귀국(1945. 11. 23. 개인 자격으로 귀국)

❿ 모스크바 3상 회의(1945. 12. 임시 정부 수립 지원, 미·소 공동 위원회 설치, 최고 5년의 신탁 통치)

⓫ 반탁(우익) vs 3상 지지(좌익, 원래는 반탁하다 전향)

⓬ 신한 공사 설립(1946. 2. 동양 척식 주식회사 승계)

⓭ 1차 미·소 공위(1946. 3. 신탁 통치 찬성자만 참여시키자는 소련의 억지로 무기한 휴회)

⓮ 조선 정판사 위폐 사건(1946. 5. 극좌 세력이 주도)

⓯ 이승만의 정읍 발언(1946. 6. 남한만의 단독 정부 수립 주장)

⓰ 좌·우 합작 운동(미군정의 지원으로 조직, 여운형, 안재홍, 김규식 등의 중도 세력이 주도)

⓱ 대구 사건(1946. 1o. 극좌 세력이 주도)

⓲ 좌·우 합작 7원칙(1946. 1o.)

⓳ 남조선 과도 입법 의원(1946. 12. 위원장 김규식)

⓴ 안재홍 미군정 민정 장관 취임(1947. 2.)

㉑ 트루먼 독트린(1947. 3. 냉전의 본격적 시작)

㉒ 2차 미·소 공위 시작(1947. 5.)

㉓ 여운형 암살(1947. 7.)

㉔ 2차 미·소 공위 결렬(1947. 1o.)

㉕ 유엔 총회(1947. 11. 인구 비례에 의한 총선 실시 결정)

㉖ 소련의 선거 감시 위원단 입북 거부

㉗ 임시 소총회(1948. 2. 선거 가능 지역에서만 총선 실시 결의)

㉘ 김구의 '삼천만 동포에게 읍고함'(1948. 2. 단독 선거 반대)

㉙ 제주 4·3 사건(1948. 4. 대규모 학살이 자행됨)

㉚ 김구와 김규식, 조소앙 등이 남북 협상을 시도(1948. 4.)

㉛ 5·10 총선거(1948. 5. 남녀평등의 첫 선거, 제주도 2개 지역구 미실시, 좌익과 남북 협상파 불참, 임기 2년의 국회 의원 선출)

㉜ 헌법 제정(1948. 7. 17. 대통령 중심제, 내각제적 요소를 일부 적용하여 대통령과 부통령을 국회 의원들이 선출)
㉝ 대한민국 정부 수립(1948. 8. 15. 대통령에 이승만, 부통령에 이시영)
㉞ 북한 정부 공식 출범(1948. 9. 9.)
㉟ 여수·순천 10·19 사태(1948, 군대 내 좌익 장교 대거 숙청)
㊱ UN이 대한민국을 한반도의 유일한 합법 정부로 승인(1948. 12.)

3 미군정기의 경제

1. **경제 붕괴**: 미군정의 정책 실수, 동포의 대거 귀환, 공업 시설의 미비, 전력난 등
2. **미군정의 정책 실수**: 섣부른 미곡 자유화 ➡ 식량난의 심화 ➡ 미곡 강제 수매 시도 ➡ 좌익의 폭동
3. 신한 공사가 주도하여 귀속 농지를 소작인에게 분배, 귀속 재산의 분배도 시작됨

압축 파일

93 제헌 의회(1948~1950)

이렇게 공부합시다!

- 제헌 헌법의 특징을 파악하세요.
- 농지 개혁의 성격과 내용을 파악하세요.
- 반민 특위의 성격과 실패 원인을 기억하세요.

1 정부 수립

1. **5·10 총선거**: 남북 협상파, 공산주의자 불참 속에 실시, 제주도는 선거 미실시 ➡ 제헌 국회 구성

2. **헌법 제정(1948. 7. 17.)**: 대통령 중심제, 대통령을 국회 의원들이 선출(간선제), 부통령제 운영, 대통령의 3선 금지 조항

3. **대한민국 정부 수립(1948. 8. 15.)**: 대통령 이승만, 부통령 이시영 선출

4. **유엔 총회의 승인(1948. 12.)**: 대한민국을 한반도의 유일한 합법 정부로 승인

2 친일파 청산의 좌절과 농지 개혁

1. 친일파 청산 작업

❶ 반민족 행위 처벌법 제정 ➡ 반민족 행위 특별 조사 위원회 구성(1948. 10.)

❷ 결과: 실패

㉠ 이승만 정권의 반민 특위 활동 견제 및 억압, 친일 세력(경찰 고위 간부 상당수)의 방해 ➡ 국회 프락치 사건, 경찰의 반민 특위 습격 사건 등

㉡ 반민 특위 와해(1949. 8.): 소급 입법임에도 공소 시효 단축 등으로 실제로 처벌받은 민족 반역자는 거의 없음

2. **농지 개혁법 제정(1949년 제정, 시행은 1950년부터)**: 3정보(9천 평) 이상을 소유한 지주의 농지를 국가가 유상 매입(지가 증권 발부)하여 소작농에게 유상 분배(5년간 국가에 지대를 30% 납부하면 소유권 인정) ➡ 소작 농민들이 자기 농토 소유(경자유전의 원칙 확립) ➡ 6·25 당시 남한의 공산화 방지에 기여

3. 남북한의 농지(토지) 개혁 비교

구분	남한	북한
개혁안	농지 개혁법(산림, 임야 제외)	토지 개혁법(전 토지)
법령 공포	1949. 6.(1950. 3. 개정)	1946. 3.
원칙	유상 매입, 유상 분배	무상 몰수, 무상 분배
토지 상한선	3정보	5정보

4. 귀속 재산의 처분 : 6 · 25 전쟁기와 휴전 직후 민간인 연고자에게 매각 ➡ 한국 자본주의 주요 세력으로 성장

압축파일

94 6·25 전쟁

이렇게 공부합시다!

순서를 잘 기억하세요.

1 6·25 전쟁의 배경

1. **냉전 체제**: 미국 중심의 자유 민주주의 진영과 소련 중심의 공산주의 진영 대립(트루먼 독트린)
2. 중국의 공산화(1949), 주한 미군 철수(1949), 미국의 애치슨 선언(1950. 1.), 실전 경험이 풍부한 조선 의용군의 합류

2 전쟁의 발발과 전개

1. 북한군 남침(1950. 6. 25.) ➡ 서울 함락 ➡ 국군은 낙동강 전선까지 후퇴 ➡ 유엔군 참전(1950. 7.) ➡ 노근리 학살 사건(1950. 7.)
2. 인천 상륙 작전으로 전세 역전(1950. 9.) ➡ 서울과 평양 수복 ➡ 압록강까지 진격
3. 중국군 참전(1950. 10.) ➡ 흥남 철수(1950. 10.) ➡ 국군, 유엔군의 후퇴로 서울 재함락(1951, 1·4 후퇴) ➡ 국민 방위군 사건(1951. 1.~4.) ➡ 거창 양민 학살 사건(1951. 2.)
4. 국군과 유엔군의 반격 ➡ 서울 재수복(1951. 3.) ➡ 전선의 고착 ➡ 소련의 제의로 휴전 협상 시작(1951. 7.) ➡ 정부와 국민들의 휴전 반대 운동 전개[이승만의 거제도 반공 포로 석방(1953. 6.)] ➡ 휴전 협정 체결(1953. 7. 27.) ➡ 한·미 상호 방위 조약 체결(1953. 10.)

3 전쟁의 영향

1. **민간인 학살**: 보도 연맹에 대한 보복, 노근리 양민 학살, 거창 양민 학살 등
2. **정치**: 분단의 고착화
3. **경제**: 남북한 모두 엄청난 물적, 인적 피해
4. **사회**: 격심한 인구 이동(월남민 증가, 농촌 인구의 도시 이동), 이산가족 양산 ➡ 전통적 촌락 공동체 의식 약화, 가족 제도 변화(핵가족화, 개인주의 확산), 재건 주택 확대
5. **문화**: 서구 문화의 무분별한 수입(➡ 전통문화 경시 풍조), 전통적 가치 규범 동요

압축
파일

95 이승만 정권의 독재화

이렇게 공부합시다!

- 이승만 정권이 변질되는 과정을 기억하세요.
- 발췌 개헌, 사사오입 개헌, 1956년 대선의 내용을 파악하세요.

1 과정

❶ 1950년 총선(반 이승만 세력 다수 당선)

❷ 자유당 창당(1951)

❸ 발췌 개헌(1952, 대통령과 부통령을 직선제로 개헌, 양원제도 실시하기로 했으나 실제로는 시행 안함, 부산 정치 파동이라고도 함)

❹ 사사오입 개헌(1954, 초대 대통령의 3선 금지 조항 폐지, 개헌 정족수에 한 표가 모자랐으나 사사오입의 반올림 원칙을 적용하여 억지로 통과시킴)

❺ 민주당 창당(1955)

❻ 1956년 대선(이승만 vs 신익희 vs 조봉암 / 이기붕 vs 장면) ➡ 신익희의 추모표가 대거 나오고, 무소속 조봉암의 30% 득표, 민주당 장면의 부통령 당선

❼ 장면 피습(1956) ➡ 국가 보안법 개정(1958. 2. 보안법 파동) ➡ 조봉암이 만든 진보당 해산(1958. 2.) ➡ 경향신문 폐간(1959) ➡ 조봉암 처형(1959)

❽ 1960년 대선(이승만 vs 조병옥 / 이기붕 vs 장면) ➡ 이기붕의 당선을 위해 대대적인 부정 선거 발생(3·15 부정 선거)

96 4·19 혁명과 장면 내각

이렇게 공부합시다!

- 4·19 혁명의 핵심 관련어를 기억하세요.
- 1960년 헌법의 내용과, 장면 내각의 정책을 파악하세요.

1 4·19 혁명(1960) – 부정 선거, 마산, 김주열, 계엄령, 이승만 하야

1. **배경** : 장기 독재, 경기 침체와 실업 증가, 3·15 부정 선거

2. **전개 과정**

❶ 마산의 부정 선거 항의 시위(3. 15.) : 경찰이 군중에 발포하여 7명 사망, 마산 앞바다에서 최루탄이 박힌 모습의 김주열(17세)의 시신이 발견된 후 대대적 시위 발생(4. 11.) ➡ 전국으로 시위 확산

❷ 4·18 고대생 시위

❸ 서울 대규모 시위(4. 19.) : 주요 대학과 고등학생, 시민들이 대거 시위 참가 ➡ 경찰이 시위대에 무차별 발포하여 서울에서만 약 130명 사망 ➡ 이승만의 계엄령 선포

❹ 대학 교수 시국 선언과 시위(4. 25.) ➡ 이승만 대통령 사임(4. 26.) ➡ 허정 과도 정부 수립

3. **의의** : 학생과 시민이 합세하여 독재 정권을 타도한 민주주의 혁명

2 허정 과도 정부

1. **3차 개헌(1960. 6.)** : 내각 책임제, 양원제 국회, 대통령은 간선제로 국회에서 선출

2. 개헌 이후 실시된 총선(1960. 7.)에서 민주당이 압승

3 장면 내각

1. **내각의 성립** : 국무총리에 장면, 상징적 대통령에 윤보선 당선, 부정 선거 주동자를 처벌하기 위한 4차 개헌(1960. 11. **소급 입법의 성격**)의 실시

2. **정책과 사회 상황**

❶ 민주당 신·구파 간의 파쟁 : 장면 수상의 신파에 대항하여 윤보선 대통령의 구파가 분당하여 신민당을 창당

❷ 각계각층의 민주화 움직임 분출 : 학원 민주화 운동, 노동 운동, 청년 운동의 활성화

❸ 통일 운동 : 평화 통일 지향 ➡ 중립화 통일론, 남북 협상론 대두, 남북 학생 회담 환영 및 통일 촉진 궐기 대회(**가자 북으로! 오라 남으로!**)

❹ 민주당 정부의 개혁 의지 미약

㉠ 부정 선거 책임자 처벌 ➡ 소극적

㉡ 통일 운동(**남북 협상**) ➡ 부정적 입장, 유엔 감시 하의 총선거를 내세움

❺ 경제 건설 : 한·미 경제 기술 원조 협조, 국토 개발 사업 추진, 장기 경제 개발 계획 마련 ➡ 9개월 만에 일어난 5·16 군사 정변(1961)으로 붕괴

사료 탐구하기Q

3차 개헌(내각 책임제 헌법)

제33조 ① 민의원 의원의 임기는 4년으로 한다. 단, 민의원이 해산된 때에는 그 임기는 해산과 동시에 종료한다.
② 참의원 의원의 임기는 6년으로 하고 의원의 1/2을 개선한다.

제70조 국무총리는 국무회의를 소집하고 의장이 된다. 국무총리는 법률에서 일정한 범위를 정하여 위임을 받은 사항과 법률을 실시하기 위하여 필요한 사항에 관하여 국무회의의 의결을 거쳐 국무원령을 발할 수 있다. 국무총리는 국무원을 대표하여 의안을 국회에 제출하고 행정 각 부를 지휘 감독한다.

압축 파일

97 박정희 정권

이렇게 공부합시다!

- 박정희 정권이 추진한 일을 유신 체제 이전과 이후로 구분하여 기억하세요.
- 김종필·오히라 비밀 회담, 6·3 항쟁, 한·일 국교 정상화, 브라운 각서, 3선 개헌, 1971년 대선의 시기와 내용을 기억하세요.
- 유신 헌법의 내용, 1979년의 사건들을 흐름대로 파악하세요.

1 5·16 군사 정변과 군정

1. **발생**: 박정희 소장을 중심으로 일부 군인들이 군사 정변을 일으킴(1961) ➡ 혁명 공약 발표(반공 국시, 경제 재건을 내세움)

2. **군정(국가 재건 최고 회의)의 정책**: 구 정치인의 활동 금지, 언론과 혁신 세력의 탄압, 화폐 개혁, 부정 축재자·폭력배 처벌, 농가 고리대 탕감, 제1차 경제 개발 5개년 계획 시작(1962), 중앙정보부장 김종필과 일본 외상 오히라의 비밀 회담(1962. 11.), 중앙정보부의 부상

3. **정부 출범**: 1962년 12월에 4년 중임제와 대통령 직선제, 국회 단원제의 5차 개헌 확정 ➡ 민주 공화당 창당(1963. 2.)

2 제3공화국(1963. 12.~1972. 10.)

1. **5대 대통령 선거에서 박정희 당선(1963)**

2. **정책 방향**: 경제 제일주의 정책(조국 근대화, 민족 중흥 표방)

3. **한·일 국교 정상화(1965)**
   ❶ 한·일 국교 정상화 반대(6·3 항쟁, 1964) ➡ 계엄령을 내려 진압 ➡ 한·일 협정의 체결(1965)
   ❷ 문제점: 일본의 사죄, 청구금 문제, 독도 문제 등의 미해결

4. **베트남 파병(1964~1973)**: 브라운 각서(1966)로 추가 파병, 베트남 특수를 누림(고엽제, 라이따이한 등의 문제도 일어남)

5. 3선 개헌(1969, 6차 개헌)
❶ 변칙(날치기) 통과
❷ 3선 개헌 반대 투쟁: 야당과 재야 세력 및 대학생 합세

3 유신 체제의 성립

1. **국외적 배경**: 닉슨 독트린(1969, 데탕트) ➡ 냉전의 완화

2. **국내적 배경**: 7대 대선(1971)에서 야당 후보 김대중의 선전

4 유신 체제의 성격(제4공화국, 1972. 10.~1980)

1. **성격**: 대통령의 권한을 비정상적으로 강화하면서 한국적 민주주의를 제창

2. **성립**
❶ 10월 유신 선포(1972. 10. 17.)
❷ 비상 국무 회의에서 유신 헌법 제정 ➡ 국민 투표로 확정(7차 개헌)

3. **유신 헌법의 주요 내용**
❶ 대통령의 권한 극대화
㉠ 국회 의원 1/3 지명(유신 정우회 ⬅ 통일 주체 국민 회의에서 선출)
㉡ 초법적인 긴급 조치권(대통령의 자의적 명령으로 헌법이 보장한 기본권을 제약), 국회 해산권, 법관 임명권
❷ 통일 주체 국민 회의에서 대통령 선출과 6년 임기의 무제한 중임제

5 반유신 투쟁

1. **유신 체제 반대 운동**: 김대중 납치 사건(1973), 3·1 민주 구국 선언(1976) 등

2. **정부의 탄압**: 긴급 조치의 남발(1974, 1호~9호)

3. **유신 체제의 붕괴**
❶ 배경: 2차 석유 파동(1979)으로 경기 침체, 미국과의 외교 마찰
❷ 과정: 김영삼이 이끈 야당 신민당의 총선 승리(1978) ➡ YH 사건(1979, 야당 당사에 경찰이 난입하여 여공 한명이 사망) ➡ 신민당 총재 김영삼의 국회의원직 제명 ➡ 부·마 항쟁(1979. 10.) ➡ 계엄령 선포 ➡ 박정희 서거(1979. 10. 26.)

압축 파일

98 1980년대 이후의 정치사

이렇게 공부합시다!

- 신군부의 정권 장악 과정을 파악하세요.
- 5·18 광주 민주화 운동의 내용을 기억하세요.
- 1980년에 개정된 헌법의 내용을 파악하세요.
- 6월 민주 항쟁의 내용을 기억하세요.
- 1987년에 개정된 헌법의 내용을 이해하세요.
- 민주화 이후 각 정권의 정책을 파악하세요.

1 신군부의 등장과 5·18 민주화 운동

1. 신군부 세력의 등장

❶ 12·12 사태(1979): 신군부(전두환, 노태우 등) 세력이 병력을 동원하여 계엄 사령관 체포 ➡ 군권 장악 후 정치적 실권까지 장악

❷ 서울의 봄(1980. 5.): 유신 헌법 폐지, 신군부 퇴진, 비상 계엄 해제 등을 요구하는 시민과 학생들이 서울에서 대규모 시위

❸ 신군부의 대응: 전국으로 계엄령 확대(5월 17일), 일체 정치 활동 금지, 김대중 등 주요 정치인 체포·구속

2. 5·18 민주화 운동 – 5·17 계엄령 확대, 광주, 시민군, 대량 학살

❶ 발단: 비상 계엄 확대에 반대하는 광주 지역 대학생들의 시위

❷ 전개 과정: 전남 광주에서 학생들이 민주화 시위(5. 18.) ➡ 계엄군의 과잉 진압 ➡ 분노한 시민들의 시위 합류 ➡ 계엄군의 발포로 많은 시민 사망 ➡ 시위대가 시민군을 조직하여 광주 시내 장악 ➡ 계엄군의 무력 진압으로 다수의 사상자 발생(5. 27.)

❸ 영향·의의: 1980년대 반독재 민주화 운동의 밑거름

2 전두환 정부(제5공화국, 1981. 2.~1988. 2.)

1. 국가 보위 비상 대책 위원회(1980. 5.)

❶ 행정, 사법 전 분야에 걸친 주요 업무 처리: 상임 위원장에 전두환, 각 분과 위원장에도 모두 현역 군 장성들 임명

❷ 사회 통제 강화: 정치인의 정치 활동 통제, 공직자 숙청, 언론 통폐합, 비판적인 기자 해직, 삼청 교육대 운영 등

❸ 최규하 대통령(10대 대통령) 사임 ➡ 유신 헌법에 근거하여 전두환이 11대 대통령에 당선

2. **제5공화국의 정책**

❶ 헌법 개정(1980. 10. 8차 개헌): 대통령 선거인단이 간접 선거로 대통령 선출, 임기는 7년 단임 ➡ 전두환이 12대 대통령에 당선(1981. 2.)

❷ 통치 정책 : 권위주의적 강권 통치(언론 통제, 민주화 운동 탄압)와 유화 정책(정치인 해금, 해외여행 자유화, 야간 통행금지 해제, 중고생 교복·두발 자율화, 대학 학생회 부활 허용, 3S 정책, 관제 문화 운동인 국풍81 개최, 서울 올림픽 유치) 병용

3 6월 민주 항쟁(1987) – 직선제 개헌 VS 4·13 호헌, 박종철, 이한열

1. **전개 과정** : 박종철 고문 치사 사건(1987. 1.) ➡ 전두환의 4·13 호헌 조치 발표 ➡ 민주헌법 쟁취 국민운동 본부가 '박종철 고문 살인 규탄과 호헌 철폐를 위한 국민 대회'를 여러 도시에서 개최(1987. 6. 10.) ➡ 이한열 사망

2. **의의**

❶ 6·29 선언 : 차기 민주 정의당 대통령 후보로 내정된 노태우가 발표
➡ 5년 단임의 대통령 직선제 개헌(1987, 9차 개헌)

❷ 의의 : 4·19 혁명 이후 가장 규모가 큰 민주화 운동, 민주주의 발전에 크게 기여, 시민운동과 노동 운동(1987년 노동자 대투쟁 등)의 활성화, 군부의 계엄령이 내려지지 않았음

4 노태우 정부(1988. 2.~1993. 2.)

1. 13대 대통령 선거(1987. 12.)에서 야당의 분열로 노태우 당선

2. **3당 합당** : 1988년 총선에서 야당이 다수 의석을 차지(여소야대) ➡ 5공 청문회의 개최 ➡ 물태우라 불림 ➡ 민주 정의당(노태우) + 통일 민주당(김영삼) + 신민주 공화당(김종필)의 합당으로 거대 여당인 민주 자유당 탄생(1990)

3. 지방 자치제의 부분적 실시(1991), 언론기본법 폐지

4. **외교 활동(북방 외교)**: 고르바초프의 개혁·개방 정책으로 냉전 체제가 무너짐 ➡ 서울 올림픽 개최(1988), 소련(1990)·중국(1992) 등 공산권 국가와 수교

5 김영삼 정부(1993. 2.~1998. 2.)

1. 14대 대선에서 김영삼이 당선(1992. 12.)

2. **문민정부** : 5·16 군사 정변 이후 처음으로 '문민정부' 출범

3. **개혁 단행** : 공직자 재산 등록제(1993), 금융 실명제(1993), 군부 사조직인 하나회 척결(1993), 지방 자치제 전면 실시(1995), 역사 바로 세우기(1995~1996, 전두환·노태우 구속, 조선 총독부 건물 폭파)

6 김대중 정부(1998. 2.~2003. 2.)

1. **평화적 정권 교체**: 최초의 선거에 의한 평화적 정권 교체로 15대 대통령에 취임
2. **외환 위기의 극복(2001)**: 대규모 구조 조정과 자산의 해외 매각을 중심으로 한 신자유주의 정책의 추진으로 외환 위기의 조기 극복에는 성공했으나 실업자 증대와 외국 자본의 지배력 강화 등의 문제점 노출
3. **스포츠**: 한・일 월드컵 개최(2002)
4. **교육**: 중학교 의무교육 전국 확대, BK21 사업 추진
5. **복지**: 국민 기초 생활법(1999), 국민 건강 보험(2000)
6. **노동**: 전교조 합법화, 노・사・정위원회(1998)
7. **여성**: 여성부 출범(2001)

7 노무현 정부(2003. 2.~2008. 2.) – 16대 대통령

1. 권위주의 문화의 청산
2. 햇볕 정책의 계승 ➡ 개성 공단 완공과 2차 남북 정상 회담(2007, 10・4 공동 선언 - 남북 관계 발전과 평화 번영을 위한 선언), 개성 관광(2007~2008)
3. 한・미 자유 무역 협정 추진
4. 호주제 폐지(2005)

8 이명박 정부(2008. 2.~ 2013. 2.) – 17대 대통령

1. 4대강 살리기 사업
2. 자원 외교
3. 한・미 자유 무역 협정(FTA) 타결
4. 호주제 완전 폐지(2008)
5. 금강산 관광과 개성 관광 중단(2008), 천안함 피격 사건(2010) 등으로 남북 관계 악화

압축 파일

99 현대의 경제 · 사회 · 문화

이렇게 공부합시다!

10년 단위로 경제와 사회의 흐름을 파악하세요.

1 1950년대의 경제 · 사회 · 문화

1. **전쟁의 피해** : 제조업의 42% 이상 파괴 ➡ 생필품 부족, 물가 폭등
2. **전후 복구 사업** : 미국 등의 원조로 사회 기간 시설 복구
3. **미국의 경제 원조**
   - ❶ 미국 잉여 농산물의 무상 현물 원조 ➡ 식량 문제 해결에 기여하였으나 농업 기반이 파괴됨 ➡ 1950년대 후반부터 현물 원조 감소
   - ❷ 삼백 산업(제분, 제당, 제면)과 같은 소비재 산업의 발달
4. **충주 비료 공장** : UN의 지원으로 1955년 착공, 1961년에 완공
5. **사회 · 문화**
   - ❶ 교육 : 홍익인간의 교육 이념 제시, 초등교육 의무 교육 실시
   - ❷ 문학 : 정비석의 '자유부인'
   - ❸ 전쟁 이후 베이비붐 열풍(1955~1963)

2 1960년대의 경제 · 사회 · 문화(1961~1972)

1. **1 · 2차 경제 개발 5개년 계획**
   - ❶ 1차(1962~1966) : 사회 간접 자본 확충, 경공업 중심의 수출 산업 육성, 서독에 광부 · 간호사 파견, 울산 정유 공장 완공(1963. 12.)
   - ❷ 2차(1967~1971) : 경공업 중심의 수출 주도 정책, 베트남 특수, 마산 수출 자유 지역 지정(1970), 경부 고속 국도 완공(1970)

2. 사회의 변화

❶ 산업화 · 도시화의 진전 : 도시 빈민(1971, 광주 대단지 사건) 문제

❷ 새마을 운동 : 농업 인구 감소 ➡ 산업화 진전과 저곡가 정책(추곡수매)으로 인한 도 · 농간 격차 해결 필요

㉠ 새마을 운동(1970~) : 정부 주도로 진행, 농어촌 근대화 운동

㉡ 식량 자급 노력 : 통일벼 도입, 분식 장려 운동

❸ 가족 제도 : 산아 제한의 실시(1962~1996)

㉠ 1960년대 : 덮어놓고 낳다보면 거지꼴을 못 면한다!

㉡ 1970년대 : 아들, 딸 구별 말고 둘만 낳아 잘 기르자!

㉢ 1980년대 : 잘 키운 딸 하나 열 아들 안 부럽다!

❹ 노동 운동 : 청계천 평화 시장 재단사 전태일의 분신(1970)

❺ 교육 제도 : 교원 노조 불법화, 국민 교육 헌장 제정(1968), 중학교 무시험 실시(1969), 방송 통신 대학과 한국 교육 개발원 설립(1972)

3 유신 시대의 경제 · 사회 · 문화

1. 경제

❶ 3차 경제 개발 5개년 계획(1972~1976) : 재벌 중심으로 중화학 공업 육성, 8 · 3 긴급 조치(1972, 기업의 사채 원리금 상환 동결), 1차 석유 파동(1973, 중동 특수로 극복)

❷ 4차 경제 개발 5개년 계획(1977~1981) : 중화학 공업 집중 투자, 100억불 수출 달성(1977), 2차 석유 파동(1978, 경기 침체가 일어남)

2. 사회

❶ 교육 · 복지 : 대도시 고교 평준화(1974), 의료 보험 일부 실시(1977)

❷ 언론 : 동아일보 광고 탄압(1974), 저항 언론인들의 강제 해직

3. 문화 : 텔레비전의 확산, 통기타와 장발, 청바지와 미니스커트

4 1980년대의 경제 · 사회 · 문화

1. 경제

❶ 1980년대 초반 : 부실기업 정리, 금융 시장의 개방

❷ 1980년대 중반 이후 : 3저 호황(저금리, 저유가, 저달러/엔고)으로 고도성장

2. 언론 정책 : 언론 통폐합, 보도 통제(보도 지침), 언론기본법 제정

3. **교육 정책** : 과외 전면 금지, 대학 입학 본고사 폐지와 졸업 정원제 실시, 중학교 의무 교육 실시(도서 지역만 실시)

4. **여성 정책** : 남녀 고용 평등법 제정(1987)

5. **문화** : 컬러 TV와 VTR의 보급

5 노태우, 김영삼 정권기의 경제 · 사회 · 문화

1. 노태우 정권

❶ 경제 : 3저 호황의 종결로 경기 침체

❷ 복지 : 국민 연금(1988), 전 국민 의료 보험(1989)

❸ 노동 : 민주노조 출범 운동, 전교조 결성(1989, 정부의 불허로 실패), 국제 노동 기구 가입(1991)

2. 김영삼 정권기의 경제

❶ 시장 개방(세계화) : 농산물 수입 개방(우루과이 라운드, 1993), 세계 무역 기구(WTO) 출범(1995), 경제 협력 개발 기구(OECD) 가입(1996)

❷ 외환 위기 : 누적된 경제 부실, 무역 적자 증가, 성급한 개방화 · 국제화 ➡ 국제 통화 기금(IMF)의 긴급 지원과 경제적 간섭

3. 김영삼 정권기의 사회

❶ 사건과 사고 : 성수대교 붕괴(1994), 삼풍백화점 붕괴(1995)

❷ 노동 : 민주노총의 출범(1995)

❸ 복지 : 사회 보장 기본법과 고용 보험의 실시(1995)

❹ 교육 : 대학 수학 능력 시험 실시(1994)

압축
파일

100 통일 정책

이렇게 공부합시다!

7·4 남북 공동 성명, 남북 기본 합의서, 6·15 공동 선언의 내용을 잘 기억하고, 직전과 직후에 있었던 일을 구분하세요.

1 제1공화국(1948~1960)

6·25 전쟁 ➡ 북진 통일론(평화 통일을 주장한 조봉암을 처형)

2 제3공화국(1961~1972)

1. 1960년대의 남북 관계

❶ 북한의 도발 : 1·21 무장공비 침투 사건(1968) ➡ 푸에블로호 납치 사건(1968) ➡ 울진·삼척 무장공비 침투 사건(1968)

❷ 남한의 대응 : 예비군 창설(1968)

2. 7·4 남북 공동 성명(1972)

❶ 전개 : 닉슨 독트린(1969) ➡ 남북 적십자 회담(1971) ➡ 7·4 공동 성명의 발표(1972)

❷ 내용 : 자주, 평화, 민족적 대단결의 원칙, 남·북 조절 위원회 설치

❸ 의의 : 통일에 관한 남·북한 최초의 합의

❹ 직후 : 6·23 평화 통일 선언(1973)의 발표

❺ 한계 : 남·북한 독재 체제의 강화(헌법 개정이 이루어짐)

3 1980년대의 남북 관계

1. 1980년대 북한 경기 침체의 장기화 ➡ 합영법(1984) 시도

2. **남북 관계의 전개** : 북한의 고려 연방제 통일 방안 제시(1980) ➡ 아웅산 테러 사건(1983) ➡ 최초의 이산가족 고향 방문(1985) ➡ 대한항공기 격추 사건(1987)

4 노태우 정권기의 남북 관계

1. 냉전의 종식(1991)으로 북한의 경제 위기 심화 ➡ 나진 · 선봉 자유 무역 지대 조성으로 외국 자본 유치 시도(1991)

2. **남북 기본 합의서(1991)**
   ❶ 북방 외교의 적극 추진, 7 · 7 특별 선언 발표(1988)
   ❷ 한민족 공동체 통일 방안(1989) : 과도적 체제인 남북 연합을 제시
   ❸ 남북한 총리 회담(1990)과 남북 고위급 회담 ➡ 남 · 북한 유엔 동시 가입(1991. 9.)
   ❹ 남북 기본 합의서(1991. 12.) : 체제 인정, 불가침, 남북 관계를 잠정적 특수 관계(민족 내부의 교류)로 인정
   ❺ 한반도 비핵화에 관한 공동 선언(1992. 1.)

5 김영삼 정권기 남북 관계의 변화

1. **1차 핵 위기** : 북한의 핵 확산 금지 조약 탈퇴(1993)로 발생한 1차 핵 위기 ➡ 북 · 미 합의(1994. 10.) ➡ 경수로 건설 지원 사업으로 해결 시도

2. **김일성의 사망과 고난의 행군** : 남 · 북 정상 회담 합의(1994) ➡ 김일성 사망(1994) ➡ 고난의 행군

6 김대중 정권기 남북 관계의 전개

1. **김대중 정부의 대북 화해 협력 정책**
   ❶ 금강산 관광 사업(1998, 해로 관광)
   ❷ 베를린 선언(2000. 3.)

2. **6 · 15 공동 선언**
   ❶ 의의 : 최초의 남북 정상 회담
   ❷ 내용 : 남북 통일 방안의 유사성 인정, 실질적 남북 교류 약속
   ❸ 결과 : 이산가족 상봉, 경의선 및 동해선 복구 사업 추진, 개성 공단의 착공, 금강산 육로 관광

3. **김정일 체제**
   ❶ 1998년 헌법 개정(김일성 헌법) : 김정일 국방 위원장 체제 확립
   ❷ 2차 핵 위기(6자 회담으로 해결 시도), 1차 연평 해전(1999, NLL 문제), 2차 연평 해전(2002), 남북 교류 협력 사업(금강산 관광, 개성 공단), 신의주 경제 특구(2002), 군을 중심으로 한 선군 정치

박기훈

주요 약력

한국교원대학교 대학원 역사교육학
현) 박문각 공무원 온/오프라인 한국사 강사
전) 메가 공무원·소방 온/오프라인 한국사 강사
전) 합격의 법학원 온/오프라인 한국사 강사
전) EBS 출연강사
전) 국립대학교 교육공무원(7급)

주요 저서

지원한국사 한권끝(박문각)
지원한국사 압축끝(박문각)
지원한국사 핵기적(법률저널)
지원한국사 99주제(법률저널)
99주제로 풀이한 기출분석(법률저널)
나두공 한국사 개념서(시스컴)

공무원 한국사 시험대비

지원한국사
압.축.끝.

초판발행 | 2022. 10. 14. **2쇄발행** | 2024. 7. 30.
저자 | 박기훈 **발행인** | 박 용 **발행처** | (주)박문각출판
등록 | 2015년 4월 29일 제2019-000137호
주소 | 06654 서울시 서초구 효령로 283 서경 B/D
전화 | 교재 주문·내용 문의 (02)6466-7202

저자와의 협의하에 인지생략

정가 11,000원 ISBN 979-11-6704-517-1